高校档案工作
实践操作指导手册

GAOXIAO DANGAN GONGZUO
SHIJIAN CAOZUO ZHIDAO SHOUCE

北京联合大学档案（校史）馆　著

中国政法大学出版社

2019·北京

图书在版编目（ＣＩＰ）数据

高校档案工作实践操作指导手册/北京联合大学档案（校史）馆著.—北京：
中国政法大学出版社, 2019.8（2021.11重印）
　ISBN 978-7-5620-9158-5

　Ⅰ.①高…　Ⅱ.①北…　Ⅲ.①高等学校－档案工作－手册
Ⅳ.①G647.24-62

　中国版本图书馆CIP数据核字(2019)第176462号

出 版 者　　中国政法大学出版社

地　　址　　北京市海淀区西土城路 25 号

邮寄地址　　北京 100088 信箱 8034 分箱　邮编 100088

网　　址　　http://www.cuplpress.com（网络实名：中国政法大学出版社）

电　　话　　010-58908441(编辑部) 58908334(邮购部)

承　　印　　北京九州迅驰传媒文化有限公司

开　　本　　880mm×1230mm　1/32

印　　张　　9.75

字　　数　　300 千字

版　　次　　2019 年 8 月第 1 版

印　　次　　2021 年 11 月第 2 次印刷

定　　价　　59.00 元

高校档案工作实践操作指导手册

主　编： 韩宪洲

副主编： 姜素兰　谢永宪　徐　娟

编　委：（以姓氏笔画为序）

王巧玲　王艳莉　仇卫健　文　松　孙　琳

刘欣欣　祁春利　杨　影　吴晓红　陈　锦

张　晓　张　楠　张健民　沈　蕾　范　蓓

苑焕乔　姜　南　徐　云　夏木美　焦　阳

蒋　顺　鲍　晖

习近平总书记指出，档案工作是一项非常重要的工作，经验得以总结，规律得以认识，历史得以延续，各项事业得以发展，都离不开档案。档案工作是一项记录历史、传承文明、服务社会、造福人民的事业。高校档案作为高校活动的必然产物，以最原始、最真实的样貌存储了一所大学教学、科研、管理等系列活动，记录了学校成长、发展、进步的历史足迹，是学校长远发展的重要基础性工作。

作为北京市属高校中唯一一所拥有档案专业的高校，北京联合大学的档案工作坚持理论与实践相结合，注重发挥教学、科研工作与档案实务的相互促进，以学术研究推动工作水平提升，以工作实践带动人才培养。近年来，学校的档案工作得到加强，档案工作研究、档案利用服务、档案工作体系建设都取得了明显的成绩。

当前，全校上下正在为建设高水平、有特色，北京人民满意的城市型、应用型大学而努力，学校的改革发展、人才培养、科学研究等各方面工作都需要档案提供更加强有力的保障和支撑。学校档案工作要以服务为根本，坚持为教学科研服务、为师生服务、为校友服务、为社会服务，不断加强机制创新和队伍建设，提高服务能力，推动档案工作走向开放，走向现代化。

2018 年 10 月

CONTENTS | 目　录

第一章

概　述

◇ **案例链接**

　　高女士，广东省一所中学教师。在办理提前退休手续时，发现工龄少了整整 3 年。2015 年 6 月 29 日，高女士来到西北大学档案馆，要求查阅 1985 年有关她本人的《西北大学代培研究生协议书》。根据高女士介绍，1988 年 6 月，在她硕士研究生毕业后回到了原来委培单位安徽某高校工作了两年，后辞职到南方工作至今。2015 年，高女士想办理提前退休手续，却遇到了其工龄不满 30 年的问题。高女士认为自己当年是在职攻读的研究生，并且与原委培单位和西北大学签订了一式三份的协议书。该协议书可以证明她当年是在工作期间读的硕士研究生，因此，找到协议书成了问题的关键。然而，高女士自己所持有的协议书早已丢失，她来到西北大学档案馆寻求帮助。工作人员热情接待了高女士，经过详细询问和查找，终于找到了西北大学 1985 年研究生招生录取底册。当看到自己的名字时，高女士如释重负，长叹了一口气："终于找到救命稻草了，可以睡个安稳觉啦，谢谢你们！"从后来高女士反馈的信息得知，缺少的 3 年工龄已经给补回来了。

　　档案与国家、单位和个人休戚相关。国家如果没有档案，将失去历史而变成传说；高校如果没有档案，学问将不会薪火相传；个人如果没有档案，办理户籍、升学、工作、生活、退休、办理养老保险等都将成为难题。高等学校档案是档案的重要组成部分，其真实地记录、反映了高等学校的发展历史，是重要的信息资源和宝贵财富。

✧ 知识要点

一、高校档案概念

（一）档案

《中华人民共和国档案法》第 2 条指出："本法所称的档案，是指过去和现在的国家机构、社会组织以及个人从事政治、军事、经济、科学、技术、文化、宗教等活动直接形成的对国家和社会有保存价值的各种文字、图表、声像等不同形式的历史记录。"

（二）高校档案

2008 年教育部公布的《高等学校档案管理办法》（中华人民共和国教育部令第 27 号，以下简称 27 号令）第 2 条指出："本办法所称的高等学校档案（以下简称高校档案），是指高等学校从事招生、教学、科研、管理等活动直接形成的对学生、学校和社会有保存价值的各种文字、图表、声像等不同形式、载体的历史记录。"第 15 条规定："高等学校应当对纸质档案材料和电子档案材料同步归档。"档案是学校不可再生的宝贵财富，也是学校发展的历史记录与依据。所有单位和个人有义务保护档案，并按规定定期将相关文件材料向学校档案科立卷归档。学校档案实行集中管理，任何个人不得据为己有。

高校档案直接记录了高等院校的发展历程，不仅包括学校科学研究、教学评价、教师晋升、教代会、学代会、毕业生报考第二学历、补办毕业证书等教学活动的信息和资料，还记载着全校师生的德、能、勤、绩。它全面客观地反映了学校最基本的职能活动和真实情况，为高校全面贯彻党的教育方针、深化学校内部体制改革、优化教师队伍、提高办学水平提供了重要的参考。可见，档案管理是高校管理工作的一个重要组成部分。

二、高校特点

高校档案是档案的重要组成部分，既有档案共同的特点，也有高校档案的独有特征。

（一）档案的特点

1. 档案是直接形成于社会实践活动的原始记录

档案是直接形成于社会实践活动的原始记录。那么何为"直接形成"？国家机构、社会组织以及个人在社会活动中开展工作、履行职责和发展自己，都必然要通过一定的行为活动，借助一定的载体和手段。例如政府机关从事社会行政管理，需不断发出和接收通知、通报、请示、批复等公文；企业在生产经营管理过程中也必然会产生大量的计划、规划、合同和协议等文件；建设施工部门围绕一项工程的开展和竣工必然也会形成大量的关于设计、管理和竣工方面的文件；个人，尤其是名人，也会在非公领域形成手稿、信件、家谱、族谱等文件材料。由此，我们可以看出，档案是伴随人们实践活动自然而然形成的副产品，未经过二次加工和二次处理，是最原始的活动记录。因此档案是一切社会活动的真实凭证和参考依据，也是由"直接形成"的特点决定的。此特点也决定了档案与图书、报刊资料之间的区别，这是档案的第一个特点。

2. 档案是由文件有条件地转化而来的，它和文件是处于不同阶段的同一事物

文件和档案之间的关系概括来说，文件是档案的前身，档案是由文件转化而来的。它们既有联系，又有区别。实践中形

成大量的文件，并不是都可以转化成档案，需要满足一定的条件，文件才可以转化成档案。档案属于文件的一部分。

（1）办理完毕的文件才可以作为档案保存起来。文件是发布政策法规、传达工作意图、联系上下内外或记载活动的一种工具，它主要发挥的是当时的现实执行效用，档案是完成了传达和记述的任务而有待查考的文件，也就是办理完毕的文件。如果没有办理完毕，则不能转化为档案。

（2）必须是日后有查考利用价值的文件才可以转化成档案。确定文件是否需要归档唯一的条件、唯一的标准就是看它对今后的活动和工作有无凭证和参考价值。对于无用的文件则不必浪费人力、物力、财力进行保存。

（3）必须是按照一定规律集中保存起来的文件才是现代意义上的档案。作为档案前身的文件，是作为人类行为活动过程的副产品逐日逐件形成的，因而处于相对凌乱的状态。凌乱无序的文件无法从中提取有价值的信息，因此文件必须经过有规律的整理才可以成为档案。

3. 档案来源广泛、内容丰富、形式多样

档案来源广泛、内容丰富、形式多样，这几个特点是由档案具有广泛的形成者决定的。档案的形成者包括国家机构、社会组织和个人。就国家机构和社会组织来看，从中央到地方的国家机构、社会组织，有机关、团体、部队、公司、医院和学校，都是产生档案的基本单位。就个人来说，包括政治家、军事家、经济家等名人在内的著名人士，也有普通公民，都形成档案。这样的形成来源决定了档案具有来源广泛、内容丰富、形式多样的特点。由于社会实践的差异，各个历史时期科学技术水平不同，也决定了档案具有多种多样的载体形式、信息记录方式和表达方式，反映了档案随着时代发展而不断演变的事实。就档案载体而言，古代有甲骨、金石、竹木、绢帛、纸张，近现代又出现了胶片、磁带、磁片和光盘等；就信息记录方式而言，有手写、刀刻、印刷、摄影、录像和数字化存储；就表达方式而言，有文字、声音和图像等。

（二）高校档案的特点

1. 原始记录性

原始记录性是档案所独具的本质特性。高校档案是对高校教学、科研、育人、服务社会等多方面活动的原始记录，是高校在这些活动中会产生的，直接、客观、真实地记录高校活动情况的材料。它记录反映着高校的发展脉络，是高校发展变化的永久记载。

2. 作用多样性

高校档案具有备查和史料功能，是高校发展历程的真实记录，对科研、学术、教学、管理等有学术支持功能；把高校档案中的教学、科研等成果形成过程的原始信息进行整合，可以为教学、科研工作带来启迪和借鉴，服务社会发展，发挥社会服务功能。

3. 高校档案的周期对应性与连续性

高校的教学活动通常以学年为单位，每个学年的主要活动都有相似之处，呈螺旋状发展，这也决定了高校档案在时间上具有相对应的周期性。如教学档案，年初计划、期中检测、期末考试等活动，都是按照学年来进行记录的。虽然高校档案的收集、整理、存放等活动依然采用的是自然年为单位和顺序，但是这对高校档案内容具有的周期性特征没有太大影响。

高校科研项目具有一定的连续性，有些课题要连续进行几年或更长时间，高校科研档案要承前启后并完整地记录科研工作的全过程，因此连续性较强就成为高校档案的一大特点，在档案管理中要充分认识这个特点，有效地利用好档案的连续性。

4. 管理专业性

高校是培养各级各类专业人才的地方，一所高校一般情况下都有 20 个左右的专业，每个专业都有自己的特点。档案管理要为教学、科研和社会服务，就必须做到专业性，不但档案管理工作有专业性，而且要建立专业性档案，以提高档案管理和服务水平。及时、有效地整理各专业学科档案，能为各专业师生保留好即时产生的档案，为第二次文献编撰做好准备，更好发挥档案的功能。

三、种类划分

（一）档案分类

科学分类是实施科学管理的基础。档案形成来源广泛、内容丰富，所以对这些种类繁多的档案进行科学管理就必须进行科学分类。分类的方法多种多样，普遍被大众接受的分类方法是按档案的内容来划分，分为三大类：文书档案、科技档案和专门档案。

文书档案也被称为党政档案、行政档案，是机关、团体、部队、企事业单位等在领导和行政管理活动过程中形成的档案材料。例如国家行政机关发出和收到的命令、指示、请示、批复、报告、决议、通知等。在办理完毕归档保存以后，便成为文书档案。

科技档案全称为科学技术档案，是由生产技术应用与管理、基本建设、科学研究活动过程中产生和使用的图纸、图表、文字材料、计算材料等科技文件材料转化而成的档案材料。这些档案多集中在工厂、矿山、设计院、研究院和地质、测绘、水文、气象、建筑等部门。科技档案是反映科学技术、经济建设真实面貌的原始记录，也是科学技术重要的存在形式之一。

专门档案是指一些社会机构和组织在某些专门业务工作中形成的档案材料。如人事档案、会计档案、统计档案、军事档案、艺术档案、外交档案、专利档案等。专门档案由于其专业特殊的性质，需要专门的管理方法，这需要档案工作者加强专业学习。

（二）高校档案分类

原国家教委颁布的《高等学校档案实体分类法》（DA/T10-1994）和《高等学校档案工作规范》为高校档案工作的标准化和规范化提供了法律依据，促进了高校档案工作的科学管理和档案部门的业务建设。根据高等学校档案产生的领域范畴，结合档案记述的内容性质，确定为 10 个一级类目，党群、行政、教学、科研、基本建设、仪器设备、产品生产、出版、外事、财会。这 10 个一级类目的档案可以归纳为五大类：

1. 文书档案

文书档案是指高校（含各职能部门和个人）在党群、行政管理活动中直接形成的、具有保存价值的各种文字、图表、声像等历史记录。主要包括上级党政机关及有关部门下达的有关材料；学校工作计划、工作总结及校系各项管理制度、管理细则；会议记录；校院系重大事件的调查报告；毕业生追踪调查、总结报告；等等。

2. 教学科研档案

教学档案是高等学校由教学实践部门和教育管理部门在教学实践和教学管理活动中直接形成的具有保存价值的以文字、图表、声像等为载体的文件材料。高校以教学工作为中心，教学档案就成为高校档案体系中的主体、核心和重点。高校科研档案是高校在科研管理和实践活动中直接形成的具有保存价值的文字、图表及声像载体材料。它真实完整地记录了高校科研人员在从事科学研究活动过程中的学术思想、科研方法、成果、经验等。科研档案是科研活动的真实记录，是科学技术储备的一种形式，直接反映着高校的学术水平和管理水平，对学校的可持续发展起着重要作用。

3. 学籍档案

学籍档案是指学生自踏入校门至完成学业、走向社会这一历史阶段所有表现的一种翔实记录。它能够综合反映学生在校期间德、智、体、美、劳诸方面的发展情况。在人的一生中，学籍档案的记录起着不可估量的作用。由于学籍档案是学生在校期间学习、生活的原始且真实的记录，它成为用人单位了解应聘学生个人素质的第一个窗口，受到社会用人单位的高度重视。

4. 财会档案

财会档案是财务会计工作中形成的记录和反映学校经济活动的主要材料，会计核算专业材料包括会计凭证、会计账簿、会计报表和其他有关会计材料四种类型，还有各级财务部门所制定的财务制度、财经纪律、岗位责任制等材料。

5. 基建档案

基建档案是学校在基本建设过程中形成的文字、图纸、会计核算、各种报表等材料，主要有基建立项材料（项目审批与征地等材料）、工程竣工图纸材料（建施、结施、水电等图纸）和工程决算等材料。

四、档案的基本作用

（一）档案的作用

1. 工作查考的依据

单位有一些按章进行、周而复始的工作，也有一些需要改革创新的内容。单位领导和工作人员为了熟悉情况、总结经验、制订计划、进行决策、提高工作效率，常常需要查考以往的记录，以便决策更加科学化、办事效率更高，这就需要档案发挥作用。档案作为过去工作和历史情况的原始记录，可以满足查考的需要。

2. 档案为生产建设提供丰富的资料

档案尤其是科技档案直接来源于生产建设和科研部门，记载和反映了生产建设和科研活动的情况、成果、经验和教训，可以为生产建设提供丰富的资料，成为生产管理和技术管理的必要参考依据。

3. 档案是科学研究的基础和条件

每一项科学研究的成功离不开之前上百次甚至上千次失败积累的数据。我国水利、气象、地震等方面取得了许多重大的科研成果，都是在运用大量的档案材料进行研究的基础上，不断探索和研究获得的。

4. 档案是政治斗争的必要手段

自阶级产生以后，档案就在政治中发挥作用。党和国家一向重视利用档案，把它作为政治斗争的锐利武器。在国际政治斗争中，档案既是维护国家主权和领土完整的重要工具，也是同霸权主义作斗争的锐利武器。

5. 档案为宣传教育提供生动素材

无论展览还是宣传，都需要足够的材料支撑。档案恰恰记录了单位或者个人的发展历程、过去的成绩和辉煌，也是进行社会主义核心价值观宣传教育的生动记录。因此，也能够通过档案提供的原始记录，为宣传教育提供很好的素材。

概括来说，上述内容体现为档案的两个作用，就是凭证作用和参考作用。档案作为历史的真实凭证，是由它的形成特点和规律决定的。虽然可供人们学习参考的资料有很多，如档案、图书和报刊资料等，但档案作为前人知识的载体，更直接、更原始地记录了前人的经验、教训，是最具有说服力的参考资料之一。

（二）高校档案的作用

1. 记录高校发展历史

高校档案忠实地记录了学校的历史足迹，反映了学校的发展过程，凝聚了学校的办学精神、办学传统和办学理念，是高校宝贵的精神财富和物质财富。

2. 传承高校文化

档案中凝聚着学校历史文化的积淀，有丰富的历史文化营养。查档者查阅原始资料，直观地了解学校的历史活动及其过程中积累的经验，再结合自身实际去更好地完成教学、科研或管理工作等。这一过程自动将高校文化传承下去并发扬光大。利用档案资料建立校史馆、校友馆、制作各类专题展板，特别是校史的公开发行和出版，扩大了高校在社会和公众中的影响力和知名度。

3. 反映学校教学职能活动的真实过程

高校档案能反映学校教学管理和教学实践活动的真实过程，具有真实可靠这一基本属性的档案资料，才可作为教学管理和教学实践活动的凭证和依据，才具有一定的查考利用价值。如上级教育主管部门下达的针对本校的有关专业设置、招生计划、指示和本校制定的各种教学制度、办法、规定、条例以及教学工作中的各种重要统计报表等，这些教学文件材料对当前教学工作具有重要的凭证和依据作用。

◇ 应用方向

高校档案是在高校教学、科研、管理等一系列活动中产生的，真实地记录了高校建设和发展的全过程。高校档案工作就是对高校的实践活动中形成的档案进行收集、整理、保管和利用，就是要完整保存档案原貌、开发利用档案价值、积淀传承档案内涵及拓展创新档案功能，核心就是为学校教学、科研和管理服务，为师生和社会服务。

随着社会认识的逐渐提高，档案被各行各业广泛应用，主要用于调查、研究、证明等。档案工作也分为档案收集、档案管理、档案保存及档案利用等几个方面。如今电子信息技术飞速发展，数字化档案的到来使档案工作进入了新的时代，社会对于档案的利用也开始更加多元、广泛。

◇ **实践指导**

一、明确高校档案定义

高校档案是指高等学校在从事教育、教学、建设、科研、党政管理及其他活动中自然形成的应归档保存的各种材料，是利用文字、声像、图表等多种形式来保存的原始记录。档案是全校师生员工的奋斗历程和学校办学的历史的记录，是总结经验、制订计划、处理问题的重要依据和权威性的凭证，在高校发展的过程中有着不可低估的作用。

档案作为原始记录，存在于社会历史发展的各个时期和人类生活的各个阶段，也被社会各行各业广泛地利用。档案在社会现实中不仅形态广泛多样，而且与诸多事务有着较为复杂的关系。因此在对档案进行收集时，人们往往难以区分信息、文献、文书、图书与文物等，甚至将它们混为一谈。因此，档案学作为一门应用性很强的学科，需要清晰界定其内涵与外延，以便更好地指导实际工作。本书侧重实践操作的指导，将在后续章节中逐一界定高校中常见的各类型档案，并对其实践操作与应用方向进行指导。

二、高校档案管理系统化

高校档案具有数量、规模上的巨大性和结构上的复杂性，管理的目标绝不是简单的梳理归档、催还与看护，还应有意识地不断更新管理技术，提高档案管理的基础工作水平，加强标准化、系统化管理。

档案收集完成之后就要对其进行系统、规范的管理。不同部门、不同类型的档案要分门别类地放入相应位置，并做好统一格式的检索信息，以便日后查找。具体内容与管理规范将在后续章节中展开。

三、档案的保护与修复

档案工作最终的目的是高度利用。随着时代的发展，档案的载体不仅限于纸质、磁带，电子档案、胶片档案等纷纷出现。每种档案的保护方式各不相同，需按照相关标准严格把控，库房等重要场所要设专人看管。对于已经破损的档案需要及时修复，且在其修复过程中要做好保密措施。

四、档案的利用

档案除了具有真实、有效的凭证价值，还具有广泛的社会作用，随着社会和人们认识的发展，目前档案的利用主要在行政、业务、文化、法律、教育等方面。在档案收、管、存的过程中出现任何差错都可能导致档案的价值受损，甚至造成档案无法被正常利用。因此，要做好档案的保管、保护和修复，为档案利用提供保障。

此外，档案价值自身有一定的发展规律，违背这些规律也会造成档案无法被正常利用。

（一）档案价值的扩展规律

（1）档案价值随价值主体的扩展而扩展。

（2）档案价值随档案作用性质的变化而扩展。

（二）档案具有时效性

在档案工作过程中，要明确档案的时效性，严格按照相关标准进行档案的收集、整理及保护，为日后的利用提供保障。

五、档案保管的要求

（1）账物相等。

（2）突出重点、兼顾一般。

（3）处理好档案保管工作与其他业务环节的关系，处理好"管"与"用"的关系。

六、档案库房的选址与设计

（一）档案库房选址

建立档案库房之初，选址是最先也是最重要的考虑条件。档案库房选址要符合以下要求：远离易燃易爆物品的安置场所，处于污染腐蚀源的上风向，避免架空高压电线穿过，位于地势较高、场地干燥、排水畅通、空气流通、环境安静的地段，建在交通方便、城市公共设施较完善的地区。

（二）档案库房建筑设计

库房的结构、空间、屋顶隔热、保温、门窗、各类装具布置等的设计和建造，应根据不同等级、不同规模进行，符合有关规范、规程的要求。档案库房适宜建成防热性能更好，排水效果更强的坡顶房屋。屋顶要求有专门的防热和防水处理，颜色最好以浅色为主。外墙有隔热和防水的要求，库房尽量不要有西晒，不能有渗水现象，墙壁可以采取加厚、填充隔热材料或修成空气间层墙体来隔热和防潮，墙面最好刷成浅色，表面尽可能光滑。库房地面应该进行专门的防潮处理。一般来说库房最好建立在地上一层，方向朝北。但从实际情况来看，受各种客观条件的限制，还是有好多高校的档案库房建在地下，要想更好地保存档案，防水、防潮、防虫等工作就显得尤为重要。另外，库房最好专用，不能和办公室合用，也不能同时存放其他物品。

（三）技术设备及消耗品的准备

做好档案保管工作，要做好相应的技术设置及消耗品的准备工作，保证保管工作能够顺利进行。档案保管所需的技术设备是指安装在档案库房内的空调、去湿器、加湿器、报警器、灭火器、温湿度测量仪等专用设备，以及工作电脑、复印机、扫描仪、装订机等办公设备。档案保管所需的消耗品主要是指用于保管工作的低值易耗品，如干燥剂、防虫剂及一些必备的管理性办公用品。

七、如何做好档案库房管理

（一）柜架排放与编号

档案柜架排放一致，横竖成行；与窗垂直，通风防光；距墙 10cm，行距 80cm，不仅防潮，而且方便管理。

统一编制柜架号、栏格号。编制方法：柜架号按入门处自左到右的顺序编制，栏格号按柜架从上到下依次编制，以便存取档案。

（二）档案的排列存放

档案应按一个全宗接一个全宗的顺序依次集中排列，不得打乱全宗混合排列。如果只有一个全宗，全宗内可按类别排列，如党群类、行政类……各类之间不能打乱顺序，并留有空余，排好后应编制库房号、柜架号、栏格号。文书档案的案卷采取竖放的方式，方便存取。

（三）档案存放管理

1. 编制档案存放位置索引

可用表格（目录）式索引和示意图式索引两种方式。

2. 制作档案代理卡（又称代卷卡）

这种卡片放在移出案卷的空位上，卡片的内容包括案卷名称、档号、去向、移出时间等，以便检查、清点库房案卷和及时催还。

3. 建立全宗卷

全宗卷是档案室（馆）在管理一个全宗的过程中把反映该全宗历史情况的文件材料按一定要求组成专门案卷，它不属于档案的范围，但又要作为档案来管理。其文件材料主要有：该全宗案卷的立卷说明、该全宗分类方案、该全宗档案的鉴定报告、该全宗档案的交接凭证、该全宗剔除案卷的销毁清册、该全宗档案的检查记录、全宗介绍材料。

（四）档案库房温、湿度控制

1. 温度、湿度对档案的影响

温湿度直接影响档案制成材料的寿命。高温、高湿会使纸张加速老化、纤维素分解、墨水扩散和褪色，利于有害生物生长和繁殖。低温、低湿会使纸张的水分结，纤维变硬变脆，强度下降。较为适宜的库房温度为 $14℃—24℃$（$±2℃$），相对湿度为 $45\%—60\%$（$±5\%$）。

2. 档案库房温、湿度控制的措施

（1）掌握库房温度、湿度情况，每天要定时做好温、湿度测量记录，注意温、湿度的调节和资料的积累，以便分析其特点和规律，制订科学的管理计划。

（2）库房内应安装温湿度测量仪、去湿机、空调等设备，并注意维护。

（3）柜架排放要保持规定的距离，以保证通风。

（4）新修库房应在6—12个月以后才能投入使用，装进档案。

（5）采用通风设备调节库内温度、湿度。

（五）"八防"措施

1. 防虫与防霉

（1）应设置消毒设备，新档案入库前要消毒和除尘。

（2）定期检查并及时处理虫、霉、尘等有害物。

（3）配备吸尘器、加密封门或过渡门，安装空气过滤器，防止灰尘和有害气体进库。

（4）加强库房周边的绿化并及时排除污染源。

2. 防火与防盗

（1）建立、健全安全制度并坚持贯彻落实。

（2）配备气体消防设施和防盗、防火装置，经常检查并及时排除各种隐患和险情。

（3）加强安全教育和安全意识，培训消防技能，建立消防组织，制订应急方案，一旦发生灾害，积极有效地抢救档案和消除灾害。

（4）库房内禁止吸烟，忌用明火。

3. 防光与防尘

（1）库房的窗户要少。

（2）在库房窗户玻璃上采取一定的措施，如加设百叶窗、防光防尘窗帘，使用毛玻璃，在窗户玻璃上涂刷紫外线吸收剂。

（3）避免自然光源，采用人工光源，选用白炽灯。

（4）正确选择档案库房的地址，不要把库房的地址选在工业区、大居民点或繁华的街道、地下室。

（5）档案库房要密闭。

（6）对档案库房周围进行绿化，使用空调装置净化和过滤灰尘与有害气体。

（7）做好库房清洁卫生工作。

4. 防水与防潮

（1）库房内及附近不能有水源。

（2）防止水进入档案库房。

（3）掌握库房内的湿度变化情况，比较库内外湿度。

（4）库内湿度大于库外时，采取抽风、排气、打开库房门窗进行通风或关闭门窗启动除湿机等措施；库房湿度小于库外湿度时采取关闭门窗等措施。

◇ 操作方法

一、档案收集工作的要求

（一）归档和进馆档案应齐全完整

收集进档案室的材料必须是办理完毕的原始材料（原件），要完整齐全、真实、文字清楚。

（二）不符合归档要求的档案材料，档案馆将退还给档案材料形成的相关职能部门，须按要求完成

1. 载体纸张要求

归档材料统一使用 A4（80g）规格的办公用纸（专业特殊要求的除外）。

2. 载体字迹要求

只能用碳素墨水、蓝黑、黑色墨水书写。禁止使用纯蓝、红色墨水、圆珠笔、铅笔书写。

3. 现代化设备形成的材料要求

禁止色带打印、墨水打印材料归档；禁止传真形成材料归档。

（三）保持全宗和全宗群的不可分散性

在档案收集中，必须把一个机关形成的全部档案作为一个全宗集中到一个档案馆（室）保存，一个全宗的档案不可分散，不同全宗的档案不可混淆。

二、档案整理的基本原则

（1）遵循和维护档案的本质特性，保持文件之间的历史联系。

（2）充分尊重和利用原有的整理结果。

（3）便于保管和利用。

三、档案提供利用的基本途径

（1）通过提供档案原件满足用户的利用需求。

（2）通过提供档案副本或复制品满足用户的利用需求。

（3）通过提供档案信息加工品满足用户的利用需求。

第二章 文书档案管理

✧ 案例链接

　　某单位成立于20世纪90年代中期，成立时并没有设立档案室集中保管档案，文件全部散落在各个部门。十年后单位面临搬家，将从原有比较局促的工作场所搬到新的办公大楼中，恰逢新领导上任，想了解本单位的历史情况，发现没有集中保存档案的档案室，感觉问题很严重，因此在新的办公场所选址之初，就决定成立档案室。召集各部门领导开会后，考虑到该项工作专业性较强，决定将此项工作委托给专业人士来做。于是联系到某高校档案专业的A老师，提出希望制订出本单位档案工作的整体方案，改变现状。A老师同领导沟通后，决定将此事作为一个合作项目，并安排本专业大三的学生到该单位各部门去协助进行立卷归档工作，作为学生专业实习的一个环节。经过实地考察了解，A老师从档案库房的选址、设计，到文件的收集、整理、立卷、归档，以及后续的鉴定、保管等内容制订出了一整套非常详细的方案。学生们利用暑假期间集中到该单位各个部门协助工作人员将零散的文件进行整理、立卷、归档，原本零碎的一份份文件终于变成一卷卷档案。最终该单位搬入新址，各部门上交的文书档案也集中统一保存到单位的档案室，各部门需要查找资料都会到档案室来借阅利用档案，一来二去档案意识也有所提高，该单位的整体工作运行更加顺畅。

◇ 知识要点

一、文书档案

中华人民共和国国家档案局（以下简称国家档案局）颁布的《档案工作基本术语》（DA/T1-2000）明确规定，文书档案是反映党务、行政管理等活动的档案。27 号令第 15 条明确规定："文件材料的归档范围是：（一）党群类：主要包括高等学校党委、工会、团委、民主党派等组织的各种会议文件、会议记录及纪要；各党群部门的工作计划、总结；上级机关与学校关于党群管理的文件材料。（二）行政类：主要包括高等学校行政工作的各种会议文件、会议纪录及纪要；上级机关与学校关于人事管理、行政管理的材料。"

二、档案收集

档案收集就是按照党和国家的规定，通过例行的接收制度和专门征集的办法，把分散在各机关、个人手中和散失在其他地方的档案，分别集中到各有关机关档案部门和各级各类档案馆，实行集中统一管理。

三、档案整理

档案整理就是按照一定原则对档案实体进行系统分类、组合、排列、编号和基本编目，使之有序化的过程。高校文书档案的整理主要包括：区分全宗、全宗内档案分类、案卷排列、档号编制和案卷目录编制。

四、档案鉴定

档案鉴定就是判断档案价值和真伪的过程。对于高校档案部门来说，在实际工作中主要是对档案的价值进行鉴定。27 号令第 20 条明确规定："高校档案机构应当按照国家档案局《机关文件材料归档范围和文书档案保管期限规定》，确定档案材料的保管期限。"所以高校要制定符合自身情况的归档范围和保管期限表，并依照表中划分的保管期限来对文书档案的价值进行鉴定。

五、档案保管

档案保管就是根据档案的成分和状况，通过一定的手段和措施，对已整理完毕上架入库的档案所采取的存取和安全保护措施，核心的目的就是维护档案的完整与安全。

✧ 应用方向

本章所介绍的内容适用于高校档案部门进行文书档案的管理，包括档案的收集、整理、鉴定、保管等环节的内容。

✧ 实践指导

一、如何做好文书档案的收集

（一）合理安排归档时间

收集工作是档案工作的前提和基础，根据 27 号令的要求，高校档案材料归档时间为次学年 6 月底前。但实际上，各个部门日常工作都很繁忙，以高校的实际情况来说，6 月底又恰是学期末最忙的时候，通常各种工作交织在一起的时候必然就会区分轻重缓急，档案工作往往就被往后排，这也是文书无法收集齐全的原因之一。为了改变这种现状，除在平时做好文书的收集外，还应将归档时间提前，最好从三月份开始布置工作，分阶段分部门进行收集，合理安排档案接收时间，这样就可以避免把全部归档任务都集中到 6 月份，既给各移交部门预留出了充足的时间，又给高校档案部门的后续工作减轻了压力，在 6 月底之前就能完成全部归档移交任务。

（二）加强档案工作责任制

要保证文书档案收集工作顺利完成，除了要建立完善的归档制度，还要将立卷归档工作纳入部门职责范围，明确到具体的岗位职责中去，同时要与部门及个人考核挂钩，奖惩分明。在归档过程中，档案馆（室）工作人员要及时对各部门的归档情况进行指导、监督和检查，确保档案收集工作的质量。

（三）加强学习培训提高归档质量

做好收集工作很重要的一点，就是要保证收集上来的档案内容齐全、完整，质量好。要想提高归档质量，除了要对移交上来的档案的归档质量提出一定要求，还要组织各部门档案员参与档案知识的学习和培训。从实际情况来看，高校各部门档案员的流动性较大且缺乏一定的专业知识，所以定期对档案员进行培训对于提高归档质量来说是非常重要的。

二、如何进行档案鉴定

（一）制定保管期限表

高校档案部门要结合自身情况，制定较为全面的文件归档范围及保管期限表，根据表的内容，判定相关文件有无保存价值、是否在归档范围中，对没有保存价值的文件不予归档保存。并且根据保管期限表，对已归档的档案文件根据保管期限分别对待，对保管期限已满或者确定没有保存价值的档案，依照相关制度进行销毁或做出相应处置。

（二）成立档案鉴定小组

一般情况下，对于收集上来的归档文件，高校档案部门可以自行鉴定是否具有保存价值及根据保管期限表设定相应的保管期限。但是对于保管期限已满的档案，是否进行销毁或处理，并不能完全由档案部门自身来决定。稳妥的办法是成立档案鉴定小组，包含学校领导、相关部门负责人及档案部门工作人员，通过协商一起对保管期满的档案进行鉴定，决定档案的去留。

（三）做好相关记录

进行档案鉴定工作要组织档案鉴定工作小组成员召开相关会议，对于重要的档案的鉴定结果，必要时可以申请由校长办公会进行批准，要对鉴定工作的整个过程进行详细的记录，并将记录内容一同整理归档，以备日后查考。

三、如何做好档案保管工作

（一）档案装具的选择

档案装具主要是指档案库房内存放档案的箱、柜、架等设备，一般分为档案柜、档案箱和档案架等。

1. 档案柜

档案柜分为铁质和木质两种，一般选择铁质的居多，因为铁质的坚固、防火、防水、防潮。档案柜的密封性好，存取方便。

2. 档案箱

可以单独使用也可以叠放使用。与其他档案装具相比，档案箱便于挪动，但不易存取且造价较高。有可以单独存放的铁质的档案箱，也有摆放在档案架上的纸质的档案箱。

3. 档案架

档案架一般是金属制品，有固定式档案架、活动式密集架和活动档案架。其中活动式密集架又分为手摇式、电动式和智能式三种。采用活动式密集架能够充分利用库房的空间，存取档案方便，利用效率高，但是要考虑库房的负载能力设计和建造，地面需要铺设小铁轨，且费用较高，所以高校档案室应该根据自身情况来选择适合的档案装具。

（二）档案包装材料的选择

1. 卷皮

卷皮是包装档案的基本材料，分为软卷皮和硬卷皮两种，卷皮的规格（长×宽）一般为 300mm×220mm 或 280mm×210mm。软卷皮一般就是档案的封面和封底，一般与档案盒搭配使用。硬卷皮是硬纸盒样式，厚度有 10mm、15mm 和 20mm 三种。

2. 卷盒

卷盒的规格（长×宽）一般为 300mm×220mm，厚度有30mm、40mm 和 50mm 三种。如果立卷用软卷皮装订一般搭配卷盒使用。对于不装订的以件为单位归档的文书档案，一般直接存放在卷盒中。

3. 包装纸

对于那些既不适于装订也不便于卷盒存放的档案，可以用比较结实的纸张包装起来，但这只是一种包装档案的临时措施。

◇ **操作方法**

一、文书档案收集中的注意事项

（一）归档质量的要求

（1）所归档的文件材料必须齐全完整，包括文件材料的种类、份数及每份文件的页数等，不能出现缺页、内容不连续等问题。

（2）关系密切的文件材料要合并在一起归档，如正件与附件、印件与定稿、请示（报告）与批复、转发件与被转发件、多种文字形成的同一份文件、电报与文稿等。

（3）不同年度的文件一般要区分年度进行归档，但是有些跨年度的文件材料要结合具体情况进行处理：请示、报告与批复放在批复年度归档；计划、总结要放在内容所针对的年度归档，如果是跨越好几个年度的，如五年规划、总结，放在形成年度归档；会议文件要放在开幕年度归档；其他跨年度的文件材料，按有关规定执行。

（4）合并在一起归档的文件材料要按照下列顺序排列：按重要程度排列，如批复在前，请示、报告在后，正件在前，附件在后，印件在前，定稿在后，历次修改稿最后依次排列，非诉讼案件的结论性文件材料在前，依据性文件材料在后，电报在前，文稿在后等；按形成规律和特点排列，如同一活动过程中形成的文件材料，按其形成的先后顺序排列；按有关规定排列。

（5）需要立卷的文件材料按以下要求办理：①卷内文件要按排列顺序依次编写件号和页号；②按照规定格式和规范要求填写卷内文件目录、备考表、案卷封面并进行装订；③拟写案卷题名要简明、扼要、准确、规范，案卷题名由形成者、形成年度、卷内主要内容和主要文种四个部分组成，文书档案案卷题名不超过50字，专门档案案卷题名不超过70字；④每个案卷应按一定规律编制归档号并编制案卷目录一式数份，档号由全宗号—案卷目录号—案卷号组成。

（二）归档移交手续的办理

为了避免今后工作中出现"扯皮"问题，对收集上来的档案办理归档移交手续就显得尤为重要。归档部门向档案部门移交档案时，应附上移交目录（清单），移交目录一式两份，交接双方应根据移交目录进行逐一清点。经过认真核对，交接双方确认无误后在移交目录上签字，双方各留一份，以备查考。必要时，移交单位还需编写归档文件简要说明。

二、文书档案整理工作的内容

（一）区分全宗

所谓全宗就是一个国家机构、社会组织或个人形成的具有有机联系的档案整体。一般情况下，一个高校的档案为一个全宗，如果经历过撤销或者合并，那么撤销和合并前的档案应该作为一个独立的全宗单独保存。

（二）全宗内档案的分类

全宗内档案的分类，就是把立档单位所形成的档案，按其来源、时间、内容和形式的异同，分成若干层次和类别，构成有机的体系，使其进一步条理化、秩序化。具体来说，常用的档案分类方法主要有四种，即年度分类法、组织机构分类法、问题分类法和保管期限分类法。

1. 年度分类法

年度分类法就是按照档案文件形成的自然年度或专业年度进行分类，每年度内的档案文件为一个类别。

2. 组织机构分类法

组织机构分类法就是按照立档单位的内部组织结构设置对档案进行分类，每一个具体的内部组织机构就是一个具体的类别。

3. 问题分类法

问题分类法就是按照文件内容所说明和反映的问题进行分类，每一问题为一类别。

4. 保管期限分类法

保管期限分类法就是根据划定的不同保管期限对档案文件进行分类。

由于以上四种分类法都存在一定的局限性，在实际工作中，将几种分类方法组合起来应用的情况比较多。这样的分类方法称为复式分类法。将年度、机构、问题、保管期限几种分类方法进行组合，可以组合成七种复式分类法，即年度-机构-保管期限分类法、保管期限-年度-机构分类法、年度-问题-保管期限分类法、保管期限-年度-问题分类法、问题-年度-保管期限分类法、年度-保管期限分类法、保管期限-年度分类法。

对于高校来说，27号令将高校形成的文件材料的归档范围划分为11大类，即党群类、行政类、学生类、教学类、科研类、基本建设类、仪器设备类、产品生产类、出版物类、外事类、财会类。因此除采用上述复合分类法外，大部分高校结合27号令采用年度下划分11大类的分类方法。

（三）案卷的排列

1. 按重要程度排列

这是排列案卷时最常用的一种方法。用这种方法排列案卷比较简便，排好的案卷也便于查找利用。

2. 按形成时间排列

就是按照案卷起止时间的先后排列案卷。先形成的在前，后形成的在后。当按时间上的顺序排列案卷时，必须注意案卷的准确日期。有些案卷并没有准确的日期，在这种情况下，首先排列有年月日的案卷，其次排列有年月无日的，再排列有年而无月日的，最后排列那些接近准确日期的案卷。

3. 按内容联系排列

按照案卷内文件记述和反映的不同问题进行排列。把有关同一个问题的案卷集中排放在一起，以便人们从问题的角度来查找利用档案。

4. 按保管期限排列

就是按照永久、长期、短期不同的保管期限分别排列，将同一保管期限的档案排在一起。

5. 按作者、收发文机关和文件内容所涉及的地区排列

关于同一问题的档案，先排上级来文，再排本单位形成的文件，最后排同级和下级的文件。

（四）档号的编制

档号是档案实体管理编号的总称，它包括全宗号、案卷目录号、类别号、案卷号、件号或页号等。

1. 档号的编写原则

（1）档号应具有唯一性。简单来说就是不能重复，即在一个档案馆内，全宗号不能重复；在一个全宗内，目录号不能重复；在一个目录内，案卷号不能重复；在一个案卷内，页号或件号不能重复。

（2）档号应具有扩展性。档案是不断产生、分期分批藏入档案馆（室）的，而且前后产生的档案都是相互联系的，因此，作为档案实体的标识，档号就必须适应这一形成规律而具有扩展余地。这样才能避免档案实体增加，而无空号可编或打乱整个编号体系的情况。

（3）档号应具有简明性，即档号层次不宜过多，不能烦琐。

2. 档号的结构

档号由全宗号、案卷目录号、案卷号、页号或件号四部分组成。

（1）全宗号。全宗号是档案馆内每个档案全宗的代号，一般都由档案馆统一确定。由于编号的方法与标准不统一，目前我国档案馆所编全宗号形式有十余种之多，其中比较典型的有进馆顺序流水法、分类流水编号法、分层分类编号法等。

（2）案卷目录号。案卷目录号应根据全宗内档案整理状况设置，可按年度或阶段、组织机构、问题、档案种类、保管期限、档案载体形态分别设置案卷目录并编号。目录号以全宗为单位，因此，它和全宗一样，都是档案科学管理和利用不可缺少的。

（3）案卷号。案卷号是指一个系列内案卷排列的编号。案卷号编制方法比较简单，只要同一系列内的案卷，按要求排列整齐后，一卷一号，从数字1开始依序编制即可。同一系列内，不允许一个案卷占有两个编号，或两个案卷同时占有一个编号。由于案卷往往根据保管期限的不同，分别排架存放，所以案卷号也应以能反映案卷的价值为宜。

（4）页号或件号。如果档案文件是按案卷级管理的（案卷内的所有文件装订在一起，从前往后统一编页号），那么，档号的最后一个号就是指文件首页所在的页号。如果档案文件是按文件级管理的（每件文件装订在一起，各个文件在档案盒内是独立状态），那么，档案的最后一个号就是指文件所在的件号。

（五）案卷目录的编制

案卷目录是对经过系统排列的案卷进行逐一编号登记后而形成的案卷。案卷目录应该用封面和扉页装订起来，其项目内容包括：全宗号、目录号、目录名称、编制单位、编制时间、密级、保管期限等。案卷目录表是案卷的主体部分，一般包括案卷号、案卷题名、年度、保管期限、件数、页数和备注等项目。

三、文书档案的价值鉴定的标准

鉴定档案的价值应当以反映高校的主要职能活动为出发点，以分析档案内容为中心，结合考虑档案的形成时间、名称、完整程度、可靠性、有效性以及外形特点等因素。要研究以往对档案的利用情况，全面估计和预测档案的利用需求，正确判定档案的价值。档案价值鉴定的标准具体包括以下几个方面：

（一）档案来源标准

档案的来源是指档案的形成者。档案形成者在社会或单位内的地位、作用和职能影响甚至决定档案的价值。人们可从以下三个方面分析文件的来源：

1. 看文件与立档单位的关系

文件与立档单位的关系越密切，文件的保存价值就越大，比如本单位的一些重要文件。

2. 看立档单位在社会上的地位和作用

一般认为，社会影响较大的领导机关、重要单位、著名人物形成的档案往往具有重要的保存价值。

3. 看文件的责任者

一般来说，上级机关文件的价值大于本机关或下级机关文件的价值，本机关文件的价值大于外部机关的文件价值，以机关名义发的文件的价值大于机关内以组织机构名义发出的文件的价值。

（二）档案内容标准

档案内容是决定档案价值最重要、最本质的因素。对档案内容的分析可以从以下四个方面入手：

1. 档案内容的重要性

在工作、生产中，在维护国家、集体和个人权益以及科学研究、总结经验等方面具有证据性、查考性作用的档案都具有较高的价值。一般来说，具有科学研究和实际查证意义的文件，具有较大的保存价值；对具体的全宗而言，反映全宗立档单位主要职能活动和基本历史面貌的文件，具有较大的价值；反映一般事务性活动，内容重复的文件，其保存价值较小。

2. 档案内容的独特性

档案内容的独特性是指档案形成者特定活动的原始记录，以孤本而稀有，其内容独一无二。独特性决定了档案具有特有的价值。

3. 档案内容的时效性

文件作为记录事实、传递信息的工具，在行政、业务上具有一定的时效性。文件内容不同，其时效性对档案价值的影响程度也不尽相同。

4. 档案内容的真实性和完备性

除上述之外，对档案内容的真实性、完备性等也要加以考察，以准确把握档案的价值。

（三）档案形式特征标准

档案的形式特征包括文件的名称、责任者、形成时间、载体形态、记录方式等。在某种情况下，这些形式特征也可能对档案的价值产生影响。

1. 档案形成时间

甄别档案的价值要看其产生时间离现在的远近和处于什么历史时期。一般来说，档案产生的时间距今越远，保留下来得越少且鲜为人知，其价值越显珍贵。

2. 档案名称

不同名称反映不同的性能和用途，可以在一定程度上反映文件的价值。如法律、条例、决定、命令、指示、会议记录等文件，其保存价值往往大于一般的通知、简报、来往信函等文件。

3. 档案的稿本

同一文件的不同稿本，由于可靠程度方面的差异，其价值也不相同。一般说，定稿、正本往往大于草稿、副本的保存价值。

4. 档案的外形特点

文件的外形特点在一定程度上影响其保存价值，比如文件的制成材料、制作方法、笔迹、图案等。凡有历史、文化、科学研究等方面特殊意义的，能使档案的本身价值相对提高；有一定价值的文件，如外形已被破坏无法恢复，也会失去其原有的价值。

（四）档案相对价值标准

在一定的情况下，某些文件的保存价值和保管期限可以相对地提升或降低。在鉴定工作中，主要依据三个方面的情况判断档案的相对价值：一是所存档案的完整程度；二是档案内容的可替代程度；三是是否向档案馆移交档案，不需要移交的主要根据本机关的需要划定档案的保管期限，需要移交的根据档案管理要求确定保管期限。

✧ 图例（流程）

一、文书档案卷内文件目录格式（以卷为单位归档）

卷内文件目录

顺序号	文号	责任者	题名	日期	页号	备注

二、案卷目录格式

案卷目录

案卷号	案卷题名	年度	保管期限	件数	页数	备注

三、案卷封面格式

全宗名称
归档部门名称
案卷题名
卷内文件起止日期、保管期限
件数、页数、案卷号

四、文书档案归档文件目录格式（以件为单位归档）

归档文件目录

件号	文号	责任者	题名	日期	页数	备注

五、备考表格式

卷内备考表

本卷情况说明：

立卷人：
检查人：
立卷时间：

六、档案盒式样

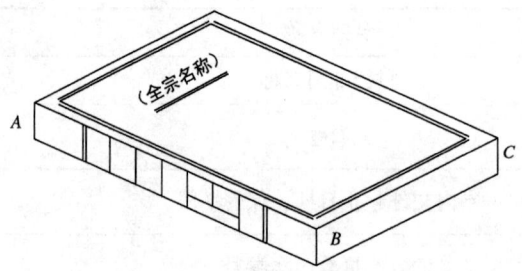

A=B=C=20mm、30mm、40mm、50mm等

档案盒封面式样及规格

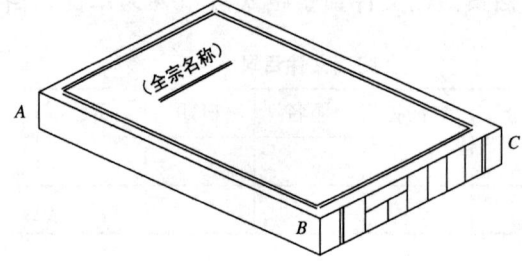

第三章　科技档案管理

✧ 案例链接

随着世界经济科技的不断发展和高等教育改革的深入，高校在我国科技创新体系建设中的作用与地位不断突出，高校已成为我国科研创新的重要阵地。高校科技档案管理作为高校科技创新工作的重要组成部分，是高校档案管理中的核心内容，是对高校科研活动的真实客观的记录，是高校科研成果的集中反映，高校科研档案的发展可以不断满足高校科研价值成果的综合利用。当前，我国高校对科技档案管理的重视逐步加强，教育部出台了相关法规来强化高校科技档案的建设管理，但高校科技档案的服务性和创新性发展仍严重不足，无法满足信息化时代和大数据条件下对高校科技档案发展的需要，无法充分发掘高校科技档案的价值优势。研究总结高校科技档案管理工作的得失，找出问题存在的根源，改进工作方法，提高高校科技档案管理水平，对充分发挥科技档案价值、服务高校科技创新工作具有重要的意义。

项目来源和经费来源的多样化使得档案部门掌握和控制科研材料的难度加大。现有的高校科技档案资料核心内容较为缺乏，部分高校档案管理者认为只有做好对学校管理性文件的归档管理才是档案管理，加之部分教师对教学科研工作中的学术著作、手稿资料重视程度不够，没有及时将有关资料交给学校档案管理部门，导致重视科研成果的实施应用，忽视科研过程中有关文件资料的形成以及没有向档案管理部门进行移交，甚至部分科研人员只向档案管理部门移交一般科研资料，留下涉及核心内容的关键资料数据，严重影响了科技档案资料的完整与质量，大大降低了科技档案本身的价值，不利于科研人员进行查阅参考和开展科研创新和科研成果的继承发展。有的科研课题研究时间太长，没有负责人员收集材料，材料分散在课题组成员中，很难收集。有些科研人员只重视科研项目申请、研究过程、成果形成及由此带来的应用效益，缺乏档案意识，轻视科研档案的归档工作，甚至不愿意提交包含关键技术和成果的材料，致使科研档案在完整积累上有一定的难度。

从目前高校科技档案管理状况看，涉及较多的科研项目档案主要是有关财务收支数据的管理，虽然有时也会涉及知识产权保护等问题，但由于科技档案资料不完整或核心资料的缺乏而往往不能满足查阅人员的实际需要。对有关人员的职称评审或职务评聘等涉及科技档案时，一般要求当事人自己提供原件或复印件，依据科技档案提供证明科研成果的现实条件还不具备。由于在其他相关领域的研究基本上处于起步阶段，还无法形成对科技档案管理开发的共同合力，科技档案利用主要是配合相关部门进行科研项目的检查、验收以及举报、查处等基础性工作，科研管理人员大多是兼职完成归档工作的，很多人缺乏系统的档案专业知识和有效的跟踪、监督和指导等管理措施，档案部门在高校中常常被认为是"边缘"部门，有些高校领导对档案管理的重视程度不高，档案知识的普及、宣传力度也小，导致科研人员档案意识薄弱。给科研档案的收集工作造成一定的困难。

◇ 知识要点

一、概念

科技档案是科学技术档案的简称，是在自然科学研究、生产技术、基本建设等活动中形成的应当归档保存的图纸、图表、文字材料、计算材料、证书、声像资料等科技文件材料。

《科学技术档案工作条例》第 2 条对科技档案的定义是："科技档案是指在自然科学研究、生产技术、基本建设（以下简称科研、生产、基建）等活动中形成的应当归档保存的图纸、图表、文字材料、计算材料、照片、影片、录像、录音带等科技文件材料。"科技档案包括电子档案等各种含有科学技术的档案。

二、特点

（一）专业性

专业性是科技档案最突出的特点之一。科技档案的专业性特点集中表现在形成领域和内容性质两个方面。

科技档案的专业性特点，不仅使它们同一般档案相区别，而且使不同专业形成的科技档案彼此之间互相区别。因此，专业性特点是实现科技档案科学管理的重要依据之一。诸如科技档案工作管理体制的确立、科技专业档案馆的组建、科技档案的整理分类等，都是建立在科技档案专业性特点的基础之上的。

（二）种类多元性和类型多样性

种类多元性和类型多样性是科技档案的又一明显特点。在各个档案门类中，以科技档案的种类最为繁多，类型最为复杂，呈现出多样化的鲜明性特点。以种类而言，由于科技、生产活动的多专业性，科技档案在种类上呈多元化。主要包括建筑设计档案、基本建设档案、设备档案、生产技术档案、科技研究档案、地质档案、测绘档案、气象档案、水文档案等。有什么样的科学技术活动，就有什么样的技术档案。比如企业单位有基建、设备、生产技术和科学研究等科技档案，科学技术研究单位还有专题科技档案。以类型而言，科技档案是所有门类档案中类型最为丰富多样的一种。档案文件材料的类型是由它所记载的社会实践活动的内容和方式决定的，所记载的科技、生产活动专业多样，也就使得科技档案文件材料不仅在种类方面，而且在类型方面呈现出多样性的特点。在科学与技术活动中所形成的各类档案产生于不同的领域，由于各高等院校的性质任务不同，各校形成的科技档案类型另有所异。但按其内容性质和活动领域划分，一般有以下几种类型：教学档案、科学研究档案、基建档案、设备仪器档案、产品生产档案、科技外事档案、出版物档案、电化教学档案等。

（三）成套性

大多数科技档案是现行科技文件的归档转化形态，由于现行科技文件在向科技档案转化时仍然保持着原有的有机联系，现行科技文件在形成时所具有的并在归档后所保持的整体性、成套性，决定了科技档案同样具有成套性的特点。科技档案的成套性包含十分丰富的内容。科技档案是围绕一个独立的科研项目的进行，规律性地形成的一系列相关的科技文件整体。成套性是科技档案相对于其他档案最鲜明的特点，也是最基本的特点。

（四）现实性

科技档案的现实性特点是指它具有较强的现实使用性。相比于其他档案，科技档案的现实使用性更强。其中科学研究档案（以下简称科研档案）是科研管理工作的重要组成部分，科研档案与学校科研计划管理、科研项目管理、科研成果管理紧密结合，贯穿于科研活动的始终，应确保科研活动归档文件材料的完整、准确、系统、规范。科学技术档案工作是国家的一项专门事业，高等学校的科研档案是学校教学管理、科研管理、生产管理、技术管理的重要组成部分，各校应当加强领导，切实把它纳入各项科技管理工作之中，作为提高高校科学管理水平的一项重要措施。很显然，高校科研档案是学校科研管理的一部分。高校科研档案是经过归档保存的科研人员和高校科研管理人员在科研活动和科研管理中所形成的具有价值的文字、图表等文件材料及声像载体，包括高校师生的学术论文、学术著作以及在各种课题研究中形成的一系列的成果及相关资料等。它是科研活动的真实记录，是真实记载高校广大科研人员从事科研活动的智能结晶，体现着科研人员的劳动价值。它具有继承性、创造性，凝结着研究者在实践中的经验教训、思维发展、创造成果。

高校的科研档案是高校整个档案工作内容的重要组成部分，科研档案的规模和质量反映和记录着不同历史时期的科研学术水平，是一个高校实力的重要凭证，是准确评价科研人员的客观依据，是制订科研规划和推动科研发展的重要条件，是上级领导部门决策的重要参数，是继续进行科研活动和推广研究成果的依据，是一种重要的信息资源和知识宝库，是科学研究的必要条件。

◇ 应用方向

科研档案是科研管理工作的重要组成部分，科研档案与学校科研计划管理、科研项目管理、科研成果管理紧密结合，贯穿于科研活动的始终，应确保科研活动归档文件材料的完整、准确、系统、规范。高校科技资源、科技能力、潜力和竞争力直接影响国家科技竞争力的发展。高校科研项目流程、立项开发数量和质量又直接影响高校的科研能力。科研档案建立和管理程序，以及高校的教学、科研出发点要与国家需求紧密联系，科研课题项目的论证、研究需要通过科研档案分析研究国内外信息动态，参考汲取经验。高校是科技人才聚集和培养基地、科技创新资源基地。高校科研档案是国家档案的重要组成部分，应建立高质量的高校科研档案，使之为提高生产力服务，成为新时期经济发展的重要支柱。建立高校科研档案，能够及时反映经济发展趋势和科研动态信息，适时组合调整高校各部门人员科研工作和工作机制，最大程度提高工作效率。科研档案是评估高校工作的重要资料。当前高校的科研档案管理工作主要包括以下内容：建立科研档案信息化、数字网络化平台，广泛收集编排、摘要、索引、检索等方法管理电子档案信息；有效提高原本文字、声像档案保存安全系数，扩大储存信息空间便于档案查阅传播、节省时间空间，提高工作效率；使档案从实体文件管理工作转化为电子义件信息保存管埋调度中心；逐步形成档案信息库；提高优化管理者知识和业务结构，提高档案业务管理水平和服务工作，从而促进优化整体队伍结构，提高工作效率。科研档案历史记录教学、科研、学术动态、知识资源信息和管理等工作的采集整理鉴定过程能为科技人员选题、立项、研发和成果转化提供历史和信息的依据。

科研档案是高校档案管理中的核心内容，是对高校科研活动的真实客观的记录，是高校科研成果的集中反映，高校科研档案的发展可以不断满足高校科研价值成果的综合利用。我国高校对科研档案管理的重视逐步加强，教育部出台了相关法规来强化高校科研档案的建设管理，但高校科研档案的服务性和创新性发展仍严重不足，无法满足信息化时代和大数据条件下对高校科研档案发展的需要，也无法充分发掘高校科研档案的价值优势。因此，如何充分解决高校科研档案发展中的"瓶颈"问题、提升高校科研档案管理的水平是值得认真探讨的问题。

◇ 实践指导

为了提高科研档案的质量和管理水平，更好地为教学、科研工作服务，应当根据《中华人民共和国档案法》及《高等学校档案管理办法》，制定《科学技术研究档案管理办法》。

科研文件材料的收集、整理、归档是学校科研管理部门和科研工作人员的职责，要将科研文件材料的归档工作纳入有关人员的岗位职责与工作程序，作为考核其工作实绩的一项内容。

学校实行科研文件材料的形成部门和科研课题（科研项目）组立卷归档制度。学校科研管理部门负责在科研管理工作中形成的科研综合管理、科学技术协会、专利工作等文件材料的收集、整理、立卷、归档工作，于每年的 6 月底前向档案馆移交；科研项目组建立项目材料归档责任制，项目组负责人负责落实科研项目文件材料的归档工作，科研项目档案在项目鉴定评审完毕两个月内归档，向档案馆移交。学校科研项目档案实行动态管理，即科研管理部门对科研项目成果申报、奖励和成果应用转化过程中形成的文件材料、获奖材料等，应及时与档案管理部门联系，并负责补充收集归档工作。学校档案馆负责统一保管科研档案，并对科研部门的档案工作进行检查、指导。

科研档案是指学院在科学技术管理及研究过程中形成的具有保存价值的文字、图表、数据、声像等不同形式的历史记录。它是科研活动的真实记录，是科学研究的软成果，是重要的信息资源，是国家的宝贵财富，必须按国家规定，实行统一管理，确保完整、准确、系统、安全。

科研档案工作是科研管理的重要组成部分，是科研活动的一个重要环节，必须纳入科研计划、规划、管理制度和有关人员职责范围之中，与计划管理、课题管理、成果管理等工作紧密结合，实行科研工作与建档工作"四同步"管理。即下达计划任务与提出归档要求同步；检查计划进度与检查科研文件材料形成情况同步；验收、鉴定科技成果与验收、鉴定科研档案材料同步；上报登记、评审科技成果与档案部门出具科研课题归档情况的证明材料同步。

各系、部、处、室要明确一名负责人分管本单位的科研档案工作，并确定一名兼职档案人员做好科研档案的收集、整理和归档工作。

一、归档范围及保管期限

见第 52 页图例。

二、归档要求

（1）按国家规定，实行科研项目负责人主持立卷归档的责任制。凡属学院立项的科研项目，课题完成后均应将全套技术材料向综合档案室移交。

（2）凡是上报成果或进行成果鉴定的课题，课题负责人必须将该成果各种载体的文件材料系统、完整地整理、立卷，经档案室验收合格后，开具归档证明，科研处方予办理；凡是未归档或归档验收不合格的课题，科研处不予接受成果的鉴定或评审。

（3）与外单位协作的项目，由主持单位保存一套完整档案，协作单位保存自己所承担任务中形成的文件材料，并将有关复印件送交主持单位。

（4）归档的科研文件材料必须完整、准确、系统并具有原始性、真实性、依据性。凡归档材料应用统一用纸（实验记录应使用科研处规定用纸），写明作者和完成日期，并用钢笔或签字笔书写。

三、归档时间

（1）科研综合管理文件材料于次年6月底前归档。

（2）课题（项目）在完成后3个月内归档。上报成果及要求鉴定的课题于鉴定前归档。

四、立卷程序

（1）课题一经列入计划，课题组组长凭课题批准通知书或有关依据到有关部门领取科研文件材料积累袋、科研档案管理办法、科研记录本，同时确定一名同志兼管该课题文件材料的收集工作。

（2）课题开始后，课题组组长要经常检查督促课题文件材料的形成积累情况，切实做到执行任务有依据，讨论方案有结论，实验观察有记录，研究完毕有报告。

（3）课题结束后，课题负责人要对全套材料进行把关，并按要求整理归档。

◇ 操作方法

一、科技档案收集工作

（一）科技档案收集工作的要求

（1）要认真贯彻集中统一管理的原则。

（2）要遵循科技档案的自然形成规律。

（3）要保证科技档案的真实性、完整性、可用性。

（二）基层档案部门开展科技档案收集工作的方法和措施

（1）按照归档制度的规定接收科技文件材料。

（2）将科技档案收集工作纳入项目计划管理。

（3）实行多种方式相结合的科技档案收集方式。

（4）确定和疏通科技档案的收集渠道。

（5）抓住重要环节和关键阶段进行收集。

（三）科技档案收集的内容

包括科研准备阶段、研究实验阶段、总结鉴定验收阶段、成果和奖励申报阶段、推广应用阶段形成的各类材料。

（四）收集方法

（1）科技档案的归档时间应在课题完成经过鉴定并经主管领导审查后三个月内立卷归档，归档材料要求齐全完整。

（2）归档的文件材料不能用铅笔、彩笔、圆珠笔和蓝复写纸书写。如复写应采用单面黑复写纸。

（3）凡属秘密级以上的科技档案涉及专利与对外技术转让的项目资料不准对外公开，专利实施与转让事宜统一由科技部门经办。

（4）课题组组长负责对归档文件材料的齐全、完整审核签字，并经领导审核归档。

二、科技档案整理工作

（一）科技档案整理工作的内容和原则

1. 科技档案整理工作的内容

科技档案整理工作内容包括科学分类、系统排列、规范编目三个方面。

2. 科技档案整理工作的原则

遵循科技档案的自然形成规律，保持科技档案材料之间的有机联系，充分利用科技文件原有的整理基础，对科技档案进行分门别类的整理，便于保管和利用。

（二）科技档案的分类

科研档案适用于按课题法进行分类，即在全部科研档案范围内，以各个独立的研究课题为分类单元划分档案。其特点是便于实现一个研究课题档案材料的成套集中管理。

1. 科技档案分类的基本要求

符合性质和特点、标准要一致、层次要简明、力求标准化。

2. 科技档案分类方案的编制

设置大类、类系展开、赋予代码、体系表达、编制说明。

3. 科技档案分类的方法

（1）工程项目分类法。

（2）型号分类法。

（3）课题分类法。

（4）专业分类法。

（5）时间分类法。

（6）地域分类法。

4. 科技档案分类方法的实际运用

（1）产品档案的分类："型号——十进分类法"。

（2）基建档案的分类："性质——工程项目分类法""流域——工程项目分类法"。

（3）科研档案的分类："专业——课题分类法"。

（4）设备档案的分类："性质——型号分类法""工序——型号分类法"。

（三）科技档案案卷的排列

1. 案卷排列基本方法

2. 案卷排列具体方法

（1）产品类案卷。

（2）基建类案卷。

（3）科研类案卷。

（4）设备类案卷。

（四）科技档案档号的编制

科技档案档号，是指科技档案保管单位（案卷）的编号或代号。

（1）编制要求：与分类方案的结构层次一致；由代字、代号组成，力求简明。

（2）编制方法：与编制分类方案同步进行；档号＝分类号＋案卷顺序号，例如 S-C620-02。

（五）检索工具的编制

所谓检索工具，是指揭示科技档案的内容与外形特征，指引索取、组织科技档案和传递交流科技档案信息的工具。

（1）总目录。

（2）分类目录。

（3）专题目录。

三、科技档案的鉴定

科技档案鉴定工作是指鉴别科技档案的现实和历史价值，

根据价值大小确定保管期限，把失去保存价值的科技档案剔除并销毁的工作。

（一）科技档案鉴定工作的内容

（1）对科技档案价值的鉴定分析工作。

（2）对科技档案质量的鉴别核查工作。

两个过程：第一个过程，在科技文件归档阶段；第二个过程，在科技档案管理阶段。

（二）科技档案价值鉴定的原则和价值因素

1. 确定科技档案保管期限的原则

（1）凡是具有长远利用价值的，永久。

（2）凡是在一定时期内具有利用价值的，定期。

（3）凡是介于两者之间的，从长。

2. 规定和影响科技档案价值的因素

（1）技术因素。

（2）功能因素。

（3）时间因素。

（4）典型因素。

（5）作者因素。

（6）名称因素。

（7）成套因素。

（三）科技档案保管期限表的编制

1. 说明部分

说明部分应包括编制依据、确定保管期限的原则、适用范围、表内条款分类和排列方法、保管期限的计算方法、批准时间和开始使用日期、使用时应注意的问题等内容。

2. 条款部分

条款部分应包括序号、条款名称、保管期限、备注等内容。

3. 编制工作过程

编制工作过程包括准备、编拟草案、报请批准三个步骤。

（四）科技档案价值鉴定工作的方法和步骤

1. 科技档案价值鉴定工作的方法

直接鉴定法，其基本精神是对科技档案的每一个保管单位采取具体分析和详细审查的办法，逐套、逐卷以至逐份地评价其价值。

2. 科技档案价值鉴定工作的步骤

包括个人初步鉴定、集体审查两个步骤。

3. 销毁和善后处理工作

销毁和善后处理工作包括编制销毁清册、编写鉴定报告、组织销毁、善后记录四个部分。

（五）科技档案组卷

1. 科研档案组卷工作参照基建档案整理

每个项目从立项研究之日起，由项目负责人（或指定专人）负责项目文件材料的形成、积累、整理、保管工作，负责科学研究过程中所形成的具有保存价值的不同载体的文件材料的审核工作；项目结题后，及时将形成的项目文件材料进行系统、规范化整理。科研项目材料一般按项目的立项阶段（准备阶段）、研究实验阶段、总结鉴定验收阶段、成果奖励申报阶段、推广应用或专利阶段五个工作阶段整理、组卷。科研项目组依据科研文件材料的形成规律，遵循保持有机联系和便于查考利用的组卷原则，根据科研文件的内容、价值、数量和载体形式等实际情况，将每个项目的科研文件材料进行系统整理，视其材料数量，组成一题一卷或一题多卷。比如可将最能反映项目概况的科研文件材料与科研经费核算材料等组成综合卷，排放在研究项目全部材料之首，其余科研文件材料按科研阶段依次系统整理组卷。科研项目组长填写《科研项目文件材料归档说明书》，放入每一项目的第一卷目录前。应归档科研管理文件材料的整理组卷办法参见各类文件材料立卷归档实施细则的规定。

2. 科研档案档号编制

例：KY·1·01。

3. 科研档案题名拟写

例：北京联合大学建设档案收集工作研究科研课题计划任务书、结题报告等。

第一部分为科研课题名称：北京联合大学建设档案收集工作研究。

第二部分为科研文件材料名称：计划任务书、结题报告。

4. 科研档案保管期限

科研档案保管期限划分参照科研档案归档范围及保管期限表执行。

5. 科技档案价值鉴定

方法：直接鉴定法。

步骤：个人初步鉴定；集体审查；销毁和善后处理。

（1）编写销毁清册；编写鉴定工作报告；组织销毁。

（2）善后处理工作：

①注销已经销毁的科技档案；

②变更调整过的保管期限；

③案卷内文件有变动的要调整重新组卷；

④调整科技档案的排架顺序；

⑤将鉴定工作表按编号顺序排列装订成册，连同销毁清册、鉴定工作报告等材料组成鉴定工作卷，由档案部门妥善保管。

四、归档

制定科研档案的归档范围和保管期限，如《北京联合大学各类文件材料归档范围和保管期限表》。归档的科研文件材料必须准确反映科研项目研究活动的全过程，保证其完整、准确、系统、规范。科研文件材料的立卷必须遵循其自然形成规律，保持不同学科、专业项目材料的不同特点和成套性。几个部门或院系合作完成的研究项目，由主持部门立卷、归档一整套档案。协作部门负责其所承担任务中形成材料的收集整理，并送交主持单位，与成套材料一并立卷归档。

与校外其他单位合作完成的科研项目，应在协议合同或委托书中注明其文件材料的归属情况。比如主持单位非本校或文件归属非本校的项目，参加科研项目研究的工作人员应负责将本校所承担的任务形成的文件材料及复印件立卷归档。科研项目组对应归档的项目材料按照学校规定，划分保管期限，保管期限分永久期、30 年、10 年三档，涉密项目档案材料依照绝密、机密、秘密三个等级划分。

五、归档验收

（1）科研管理部门应对科研课题（项目）组的组卷进行审查、验收，未经办理立卷移交手续的科研项目或组卷不齐全、不完整者，学校不予受理其结题验收、成果鉴定或参加评奖。

（2）项目负责人将已结题的科研项目全部材料审核完毕，送交学校科研管理部门，科研管理部门验收合格后，可组织该项目的鉴定和成果申报工作。

（3）按照《北京联合大学档案工作管理办法》的规定，科研管理部门应将科研项目档案于项目鉴定、验收完毕两个月内立卷，分别填写"科研项目（课题）文件材料归档移交单（见第 57 页附件三）"和"科研项目（课题）文件材料归档审核表（见第 58 页附件四）"，并送交由项目负责人签名的移交清单一份，按时向档案馆办理移交。

（4）档案馆验收无误后，交接双方在归档移交清单上签字，各执一份存查。

六、保管

档案进馆后，档案馆可按照《高等学校档案实体分类法》和《档案实体分类类目代码编号表》中科研类档案类目划分标准和科研类档案实体分类类目代码，编制科研类档案档号，以便于馆藏科研档案的分类检索和规范化管理。

（一）科研类档案的分类编号与排架

1. 档号的编制方法

科研类档案档号＝年度号+科研档案分类号+案卷（1~N）号。其中，年度号采用文件材料形成年度。

科研档案分类号＝一级类目代号（KY）+二级类目代号。

案卷（1~N）号指档案盒内全部案卷自第一卷至最后一卷的卷号。案卷号按最下位类目流水编制。

科研类档案二级类目代号采用"双位制数字"标识。如"科研处"档案二级类目代号为 11。

科研处档案档号：2010—KY11—1~N。

2. 科研类档案档号的标签贴于档案盒脊背处

科研类档案按照档号的编制顺序排列上架。

（二）科研档案的编目

档案馆编制科研档案全引目录、分类目录和专题目录。

（三）科研档案的保管期限、科技密级、借阅办法等执行档案馆的相关规定

七、利用

（1）科研档案的借阅要依照学校《档案利用制度》的规定按时归还。科研项目档案的利用范围仅限于项目组成人员和科研管理部门及有关领导，项目外人员的借阅要经项目负责人签字同意或科研管理部门出具借阅证明。

（2）档案馆应注重科研档案利用过程中的安全保密和个人科技信息保护，做好涉密科技档案的保管和利用。

（3）档案馆做好科研项目档案的专题编研工作。

✧ 图例（流程）

科技档案整理工作流程主要包括以下八个步骤：

第一步：制定科技档案归档范围和保管期限表。

第二步：文件鉴定。

根据归档范围，将不属于归档范围的文件材料和重复文件清出。

第三步：资料组卷。

（1）根据文件材料的内容、重要程度将相同或相近的文件组成案卷。针对具体项目的管理性科技文件放入所针对的项目文件中，按阶段或分年度组卷；科研课题、产品、建设项目、设备仪器方面的科技文件，应按其项目、结构、阶段或台（套）等分别组卷；成册、成套的科技文件宜保持其原有形态；通用图、标准图可放入相应一项目文件中或单独组卷，其他涉及这些通用图、标准图的项目，应在卷内备考表中注明并标注通用图、标准图的图号和档号；底图以张或套为保管单位进行整理；

产品局部或零部件变更、建设项目和设备仪器在维修和维护中形成的科技文件，宜采取插卷方式放入原案卷中，亦可单独组卷排列在原案卷之后，并在原案卷的备考表中予以说明和标注；产品升级换代、建设项目后评估、改扩建或重建所形成的科技文件应单独组卷排列。

（2）对案卷内的文件按时间或相近的事由进行文件排列。科技文件按系统、成套性特点进行案卷或卷内文件排列。卷内文件一般应文字材料在前，图样在后，译文在前，原文在后；案卷内管理性文件按问题结合时间（阶段）或重要程度排列，一般印件在前，定稿在后，正件在前，附件在后，复文在前，来文在后；科研类案卷按课题可行性研究立项、方案论证、研究实验、总结鉴定、成果和知识产权申报、推广应用等阶段排列；产品类案卷按产品设计（含初步设计、基础设计、技术设计）、工艺、工装、制造、定型等工作程序，或按其产品系列、结构等排列；建设项目类案卷按项目前期、项目设计、项目施工、项目监理、项目竣工、项目验收及项目后评估等阶段排列；设备仪器类案卷按设备仪器立项审批、外购设备仪器开箱验收（自制设备仪器的设计、制造、验收）、设备仪器安装调试、随机文件材料、设备仪器运行、设备仪器维护等阶段或工作程序排列。

（3）拟写案卷题名，确定案卷的保管期限，编制案卷封面。案卷封面印制在卷盒正表面，包括案卷题名、立卷单位、起止日期、保管期限、密级、档号等内容。案卷题名应简明准确地揭示卷内科技文件的内容，主要包括产品、科研课题、建设项目、设备仪器名称或代字（号）、结构、阶段名称、文件类型名称等；立卷单位填写负责组卷部门或单位；起止日期填写案卷内科技文件形成的最早和最晚的时间——年、月、日（年度应填写四位数字）；保管期限填写组卷时依照有关规定划定的保管期限；密级填写卷内科技文件的最高密级；档号由全宗号、分类号（项目代号或目录号）、案卷号组成。

第四步：装订、卷内档案盖档号章、编页号。

（1）档号章盖在文件首页的正上方，图纸的档号章盖在反面的空白处。

（2）案卷内科技文件以件为单位编写页号，以有效内容的页面为一页；已有页号的文件可不再重新编写页号；卷内目录、卷内备考表不编写页号。

（3）永久和长期保存的档案应采用不锈钢订书针装订。

第五步：编档号。

（1）科技档案档号应按照分类方案进行编制，产品、基建、科研、设备类档案分别编制档号。

（2）一个项目的档案案卷排列，可按照项目的形成时间分阶段排列，并编制档号。

（3）档号由全宗号、分类号（项目代号或目录号）、案卷号组成。

全宗号：需向档案馆移交的档案，其全宗号由负责接收的档案馆给定；

分类号：应根据本单位分类方案设定的类别号确定；

项目代号：由所反映的产品、课题、项目、设备仪器等的型号、代字或代号确定；

目录号：应填写目录编号；

案卷号：应填写科技档案按一定顺序排列后的流水号。

第六步：打印目录。

（1）序号，依次标注卷内文件排列顺序。

（2）文件编号，填写文件文号、型号、图号或代字、代号等。

（3）责任者，填写文件形成者或第一责任者。

（4）文件题名，填写文件全称，文件没有题名的，应由立卷人根据文件内容拟写题名。

（5）日期，填写文件形成的时间——年、月、日。

（6）页数，填写每份文件总页数。

（7）备注，可根据实际填写需注明的情况。

（8）在卷内目录的右上角打印档号。

第七步：质检。

对打印的目录进行检查、校对，并改正错误。

第八步：输出目录、装盒。

◇ 附件

一、科研项目（课题）简介

项目（课题）名称			
学科领域		项目（课题）编号	
项目类别项目来源		项目（课题）负责人	
主持单位			
合作单位			
课题负责人			

续表

工作起止日期		课题进展	1. 阶段完成 2. 最终完成 3. 中断或停止

二、参加项目（课题）研究工作人员名单

姓名	职务	单位	承担任务	起止日期	本人签字

三、科研项目（课题）文件材料归档移交单

项目（课题）题名	
项目（课题）编号	

移交　　文件　　　　　　　　　卷（件）
　　　　底图　　　　　　　　　张
　　　　蓝图　　　　　　　　　卷（张）
　　　　照片　　　　　　　　　册（张）
　　　　其他
　　　　（具体文件目录附后）

　　　　　　移交人：　　　　　　　　接收人：
　　　　　　　年　月　日　　　　　　　年　月　日

四、科研项目（课题）文件材料归档审核表

项目（课题）名称			
项目（课题）类别		项目（课题）来源	
完成单位		项目负责人	
起止日期		归档日期	
档案数量		归档人	
保管期限		密　级	
归档情况			
项目（课题）负责人审核意见			
科研管理部门审核意见			
档案管理部门审核意见			
备注			

五、科研档案归档范围和保管期限

KY11 综合		
序号	类目名称	保管期限
1	科研行政管理文件材料	长期
2	科研计划管理文件材料	长期
3	科研成果管理文件材料	长期
4	科研经费管理文件材料	长期
5	申报科学基金及有关批复	长期
6	学生工作（学术活动）材料	短期

KY12-1 科研准备阶段		
序号	类目名称	保管期限
1	开题报告与课题调研论证材料	长期
2	任务书、合同、协议书	长期
3	课题研究计划、设计	短期
4	计划执行情况、计划调整或撤销报告	短期
5	课题投资和预决算材料	短期

KY12-2 研究实验阶段		
序号	类目名称	保管期限
1	试验、测试、观测、调查、考察的各种原始记录（含关键配方、工艺流程及综合分析材料）	永久
2	数据处理材料，包括计算机处理材料（如程序设计说明、框图、计算结果）	永久

序号	类目名称	保管期限
3	设计的文字说明和图纸（底图、蓝图、机械设计图、电子线路图等）	永久
4	研究工作阶段小结、年度报告	永久
5	配套的照片、底片、录音带、录像带、幻灯片、影片拷贝等	永久
6	样品、标本等实物的目录	永久

KY12-3 总结鉴定阶段		
序号	类目名称	保管期限
1	研究报告、研制报告	永久
2	论文专著	永久
3	工艺技术报告	永久
4	技术诀窍报告	永久
5	专家评审意见	永久
6	鉴定会材料（鉴定代表名单、会议记录、鉴定意见）	长期
7	鉴定证书	永久
8	推广应用意见	长期
9	课题工作总结	长期

KY12-4 申报奖励阶段		
序号	类目名称	保管期限
1	科研成果登记表	永久
2	科研成果报告表	永久

序号	类目名称	保管期限
3	科研成果奖励申报与审批材料	永久
4	科研成果获奖材料（奖状、奖章、证书）原件或影印件	永久
5	专利申请书、证书原件或影印件	永久

KY12-5 推广应用阶段		
序号	类目名称	保管期限
1	转让合同、协议书	永久
2	生产定型鉴定材料	永久
3	成果被引用或投产后反馈意见	短期
4	推广应用方案及实施意见	长期
5	扩大试生产的设计文件、工艺文件	长期
6	成果宣传报道材料	短期
7	对外学术交流材料	长期

KY12-6 科研成果统计		
序号	类目名称	保管期限
1	教师、教职工发表论文、专著等材料统计	长期
2	科研专利统计	长期
3	立项科研项目人数统计	长期
4	科研经费情况统计	长期

六、归档流程

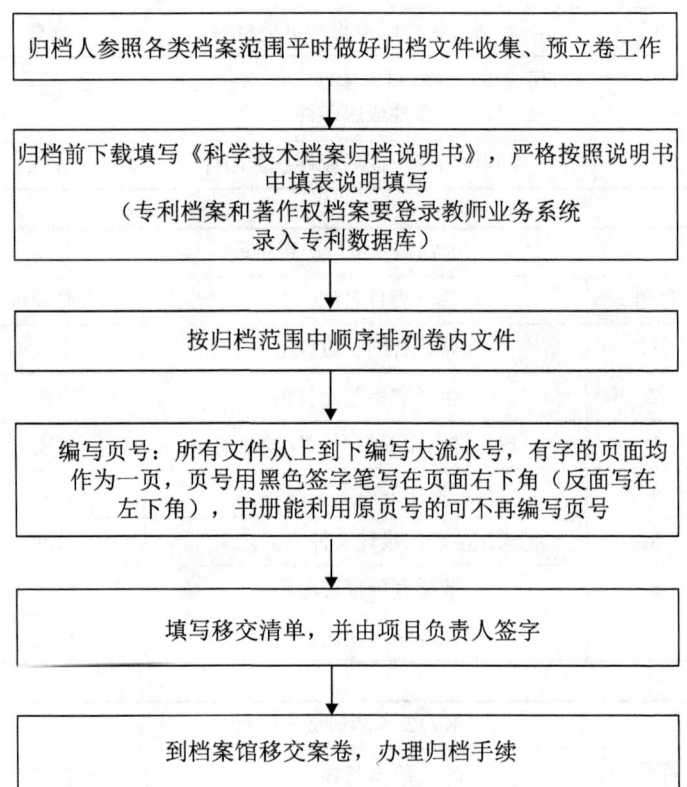

归档人参照各类档案范围平时做好归档文件收集、预立卷工作

归档前下载填写《科学技术档案归档说明书》，严格按照说明书中填表说明填写
（专利档案和著作权档案要登录教师业务系统
录入专利数据库）

按归档范围中顺序排列卷内文件

编写页号：所有文件从上到下编写大流水号，有字的页面均作为一页，页号用黑色签字笔写在页面右下角（反面写在左下角），书册能利用原页号的可不再编写页号

填写移交清单，并由项目负责人签字

到档案馆移交案卷，办理归档手续

注：归档材料要求原件归档，复印件归档时要对照原件并加盖公章；著作权以高校名义且其他材料中无个人姓名者，需出示科技处证明。

第四章 学籍档案管理

◇ **案例链接**

案例一： 某同学 2012 年结业，结业原因是两门课程不及格，毕业设计未通过。2013 年该生通过重修，两门课程已经合格，但毕业设计仍然未通过。现由于就业需要，该生来校打印毕业底册。经查找该生的毕业底册，毕业底册显示该生为结业，两门课程不及格、毕业设计未通过。该生提出疑问，两门不及格课程已经重修及格，不应显示在结业原因中。经查找，在 2012 年、2013 年、2014 年毕业底册和成绩单中，未发现该生的材料。原因是该生重修后仍为结业，故未收录在换发结业证名册中，同时忽略了更新该学生的个人成绩单和原毕业底册信息。后来由学生所在学院重新出具了最新的学生成绩单，加盖公章与原毕业底册构成了新的材料。通过本案例，我们认识到必须重视学籍档案的整理收集工作，要做到全面、细致。

案例二： 某高校毕业多年的学生，因个人原因丢失了学位证，恰好找工作需要提供学位证原件。因学生毕业较早，当时国家还没有开通学信网。该生只能联系学校，学校让其到档案馆开具相关证明。档案馆根据学生毕业的年份查了当年的毕业底册，显示无学位，后了解到该生学位属于某年某月补授系列且未及时归档。学校相关学籍部门经过多方面线索，才找到原始记录并开具了相关证明。相关部门早期对学籍归档的不重视以及归档的不及时，使得后期往往需要花费很大的人力、精力才能解决问题。

案例三：某学生到对外服务窗口办理毕业底册，用于出国。该生携带了时间为 1994 年的毕业证和 1996 年的学位证。查找了 1994 年毕业生底册卷，找到该生的底册信息，显示为"同意毕业""不同意授予学位"，经核对个人信息及毕业证书号均符合实际情况。窗口服务人员向该生了解情况后得知，该生于 1994 年毕业时未取得学位证，于 1996 年补授了学位证，但查找了 1995 年、1996 年毕业底册卷，仍未找到含有该生信息的补授名单。查找了 1996 年学籍异动文件卷，才找到一份文件，是关于体育特长生补授学位的请示，提及该生的姓名，未找到该文件的批复，故不能作为该生所需的档案。该生与教务处就相关事项进行了沟通，在教务处指导下，在当年存档的文件卷内找到该请示的批复，并根据相关管理文件为该生提供了学籍档案。

◇ 知识要点

一、学籍档案的概念

高校学籍档案是学校档案中的重要组成部分，是学生经过考试合格、招生部门正规录取，办理入学手续并取得正式学籍后，从入学到毕业离校期间形成的具有查考利用价值的大量原始材料。

高校学籍档案管理是依据国家教育行政主管部门颁布的有关法规，并结合学校实际制定的实施细则和规章制度，对学生从入学到毕业的整个过程所进行的质量考核管理。它包括学生的入学注册、成绩考核、升级与留、降级，转专业与转学，休学、复学与退学以及毕业资格与授予学位资格的审核，等等。

学籍档案管理工作直接影响着学校的教学质量和社会声望，如何搞好学籍管理工作、提高学籍管理现代化水平成为当今研究热点。

学籍档案管理包括学籍档案的收集整理、归档管理和利用工作。

二、学籍档案的特点

（一）原始凭证性

它是学生择业、单位招聘、公务员考试、出国进修以及定职、晋级等的依据。

（二）真实完整性

首先，各级档案人员要本着高度的责任心，在学籍档案的收集过程中层层把关，尤其对于学习成绩、奖惩材料等，要避免弄虚作假，维护档案的严肃性。其次，要统一学籍档案的概念和归档范围。高校应从档案管理的实际出发，将毕业生论文材料、学生档案的去向等作为归档材料，提高学生学籍档案的完整性。

（三）来源分散性

学籍档案来源于教务处、招生就业处、学生处、团委等多个部门或教学系部，通过分散性收集、整理、鉴定、编目等工作形成综合性的档案，且按照学期或者学年时间段动态扩充，学籍档案的内容会随着学生学业的进展而不断增加。

（四）周期规律性

学籍档案虽然分散种类繁多，但是一旦形成存档目录，那么每年存档的内容基本上都是不变的，有一定的周期性、规律性，相对较为规整，有迹可循。以年为周期的存档分为两种，一种是按照自然年归档数据，另一种是按照学年学期归档学籍信息。

（五）安全保密性

学籍档案涉及学生的个人基本信息、录取信息、在校成绩信息、毕业学位信息、就业信息等，其中会涉及学生的个人隐私，因此应当注重学籍档案的安全机密性，划清使用权限。

（六）永久有效性

学籍档案的存档期限为"永久性"，因为它是学校培养学生的重要文件，也是学生在校学习过程的痕迹记录。

三、学籍档案收集归档的范围

①学生入学登记表；

②新生录取名册；

③学籍簿；

④选拔、保送学生名单；

⑤选拔、保送学生登记表；

⑥中考或高考成绩单；

⑦学籍变动情况及奖惩材料；

⑧学生参加各种竞赛获奖名单、成绩、奖杯等；

⑨学生典型试卷；

⑩成绩表、年度考核表；

⑪优秀学生、优秀学生干部名单及获奖证书复印件；

⑫学生体育达标、军训、体质健康监测材料；

⑬毕业生调配表；

⑭学生实践环节考核情况（短期）；

⑮本科生优秀学士论文及评语（长期）；

⑯研究生论文审批材料及学位授予材料（长期）；

⑰毕业生登记表（永久）；

⑱毕业生审批名单、集体及毕业生个人照片（永久）；

⑲学生毕业证书、学位证书或结业证书发放名册（永久）；

⑳学位证书验印名册（永久）；

㉑补发各种证书证明材料（长期）；

㉒毕业生质量跟踪调查材料及毕业生去向（长期）；

㉓毕业生派遣报到证（长期）；

㉔长期、预科留学生的个人申请材料（长期）；

㉕其他具有保存价值的。

四、学籍档案收集的部门

大学毕业生的档案通常有三个去向：

（1）毕业后就找到了接受户口的单位，档案和户口都转到工作的单位。这是通常认为最正规的档案流向，但据统计，这种情况只占到毕业生档案的10%左右的比例。

（2）毕业后没有找到接受户口的单位，户口和档案留在学校。根据国家相关政策，毕业生毕业后暂时找不到就业单位的，其档案可免费由学校保存两年。

（3）把档案和户口放在人才市场交流中心。首先必须确定在毕业时是否已签过三方协议，这是学生、学校和工作单位共同签的一个协议书，签完后，报到证备注栏就不是空白，此时档案会在这个单位所在地的人才市场，如果没有签，报到证备注栏为空，默认打回原籍，本科生打到省级人才市场，专科生打到市级人才市场，师范类毕业生打到教育主管部门，一般在教育局。可由毕业生自己联系人才市场，把档案转过去保管。

五、学籍档案收集的排列顺序

以下以本科学生学籍档案为例，列举了学籍档案收集的排列顺序。

（一）录取类

①新生录取名册（永久）；

②中考或高考成绩单（永久）；

③选拔、保送学生名单（永久）；

④选拔、保送学生登记表（长期）。

（二）学籍类

①学生入学登记表（永久）；

②学籍簿（永久）；

③学籍变动情况及奖惩材料（长期）。

（三）成绩类

①学生典型试卷（长期）；

②成绩表、年度考核表、英语四六级成绩单（永久）；

③学生体育达标、军训、体质健康监测材料（短期）；

④学生实践环节考核情况（短期）；

⑤本科生优秀学士论文及评语（长期）。

（四）在校奖惩材料

①学生参加各种竞赛获奖名单、成绩、奖杯等［重要的（永久）、一般的（长期）］；

②优秀学生、优秀学生干部名单及获奖证书复印件［重要的（永久）、一般的（长期）］。

（五）毕业资格和学位授予材料

①论文审批材料及学位授予材料（长期）；

②毕业生登记表（永久）；

③毕业生审批名单、集体及毕业生个人照片（永久）；

④学生毕业证书、学位证书或结业证书发放名册（永久）；

⑤学位证书验印名册（永久）；

⑥补发各种证书证明材料（长期）。

（六）派遣类

①毕业生派遣报到证（长期）；

②毕业生质量跟踪调查材料及毕业生去向（长期）。

（七）其他具有保存价值的学籍材料

六、了解学籍档案整理范围

档案整理是对于收集来的档案分门别类组成有序体系的一项业务，是档案管理中的一项基础工作。档案整理是档案实体整理和档案内容整理的统称。档案内容整理主要包括对档案文件的内容真伪的鉴别、对档案内容客观性的考证及编纂出版档案史料等活动。档案实体整理主要是将零散的和需要进一步条理化的文件或档案，进行基本的分类、组合、排列、编目，组成有序的档案整体的工作过程。具体来说，包括区分全宗、全宗内档案分类、案卷封面编目、案卷目录编制。

学籍档案的整理，是对于收集来的学籍档案进行分类排序的一系列工作。学籍档案的内容整理主要由各教学管理部门完成，学籍档案实体整理主要由档案室（馆）完成。

七、学籍档案整理程序

学籍档案的来源主要有两种，由上级或基础教育阶段转来我校，或者由我校在教学实践过程中产生。

在内容整理阶段，由上级或基础教育阶段转来我校的学籍档案，由招生部门按照考生的类别、专业、生源地省份等信息点进行整理，并整理成册。我校在教学实践过程中产生的档案，由一线教师或者学生管理工作者在日常的教学活动中生成，并按照相关的教学管理文件对其种类和内容进行检查，在规定的时间上交教学管理部门。教学管理部门按照档案所在的年度、学生的类别、学院、专业、班级、姓名等信息进行整理，并整理成册。

在实体整理阶段，档案馆（室）要根据学校的工作分工，核对生成学籍档案的各部门是否均已完成学籍档案的立卷工作。对已经上交的档案，按照年度、档案生成部门的顺序进行排序，并编制案卷目录。

八、学籍档案整理流程

下面以本科生学籍档案为例，讲述学籍档案的整理流程。

（一）档案的收集，由各教学部门完成

本专科、继教生学籍档案按班或专业为单位立卷，归档材料必须为原件。

（二）卷内文件排列顺序，由各教学部门完成

本专科、继教生的每卷中按照学号升序排列。

（三）检查与编写页号，由各教学部门完成

（1）立卷前检查：核准毕业生人数，检查归档材料是否齐全，排列顺序是否正确。

（2）编写页号：凡有文字的页面都需用铅笔编写页号。正面写在右下角距边 20mm 处，背面写在左下角距边 20mm 处。

（四）电子版档案信息编目表格内容，由各教学部门完成

提交档案实体同时提交本电子版档案信息编目，为了便于使用，通常以 Word 或者 Excel 表格形式提交，由档案馆提供模板。

"区—其他表格—《本专科、继教学籍档案信息编目表格》"格式呈现。

（五）卷内目录与备考表

本专科生、继教生学籍档案卷内目录与备考表由各教学部门完成。

（六）装订

去掉材料上的大头针、曲别针、订书针等金属物，使用棉绳三点一线装订，由档案管理配合教学部门完成。

（七）盒面及盒脊内容

本专科生、继教生学籍档案盒面、盒脊由档案馆填写。

（八）归档验收及归档时间

（1）移交档案时交接双方必须当面检查验收，检查文件材料是否完整、齐全，排列、书写是否符合要求。凡不符合要求者，接收人有权要求改正后移交。

（2）移交时移交人应填写移交目录。移交目录一式两份，交接双方各执一份。

（3）本专科生、继教生学籍档案在毕业后第二年 7 月份，所有信息完整后归档。

九、学籍档案整理服务内容包括档案整理内容和档案录入内容

随着信息化技术的发展，基于档案信息化的计算机辅助档案利用成为发展的趋势。为了做好信息化档案的检索和利用，档案录入就变得不可或缺。我们要在档案整理过程中，准确地提取档案中的关键词，并做好档案录入工作。录入的形式一般以档案统一提供模板的电子表格形式完成，再由档案馆统一导入相关的管理软件中。以下以本科生学籍档案为例，介绍电子版档案信息编目表格内容的录入方法：

（1）档号：整理过程中以字符形式赋予档案的一组代码，具有唯一性，此项应按照档案馆提供的编写规则编写。

（2）形成单位：填写归档部门全称。

（3）题名：准确揭示卷内文件材料内容，力求简明清晰，能够反映档案的内容，便于检索和利用。题名应包括专业、届、本科生、专科生、继教生等内容。如一个专业学生的学籍档案分成几卷的，则题名中应注明本卷起止学号。

（4）序号：卷内学生成绩单排列的顺序号。一个学生一个序号，从1开始。

（5）学号：学生学号。

（6）姓名：学生姓名。

（7）学位证书获得情况、学位证书号码。

（8）毕业证书获得情况、毕业证书号码。

（9）备注：需要说明的问题。

◇ 应用方向

学籍档案是学校在对学生培养及管理过程中形成的，涉及学生方方面面信息与学生个体密切相关的、具有保存价值的文字、照片、图表等各种材料，经整理归档后，由档案馆永久保存的档案。学籍档案包含学生的高考录取登记表、高考成绩单、学籍卡、学生登记表、学年鉴定表、毕业生登记表、各学年成绩单、奖惩材料、入党（团）材料、学籍异动材料（含退学、转学、休学、更换专业、留级等）以及学生思想政治活动考核情况、学位论文及评审意见、学历学位授予情况、就业派遣及档案转递信息等材料，均收存在学籍档案中。学籍档案是学生在校期间的历史记录和重要凭证，会被永久保存在学校里，可为认定学历提供支持，为认定学生所学科目及录取情况提供依据并为了解毕业生去向提供参考。

学籍档案作为极为重要的民生档案，把这类档案收集好、保管好、利用好不仅是法律对高校的基本要求，更是高校档案部门的责任和使命。学籍档案对学生而言十分重要，学生只有在读书期间才能形成学籍档案，离校后对发现遗漏的档案进行补救是十分困难的。学籍档案记载了学生入学、在校学习，直到毕业及就业的全过程，是高等学校所特有的一种永久保存的重要的档案门类，是学生接受高等教育真实的原始记录，具有极强的凭证作用。学籍档案在个人升学、就业、职称评定、提职、出国、办理养老保险等方面起着不可替代的作用。

✧ **实践指导**

一、完整的学籍档案包括以下详细内容

（1）学生中学阶段形成的材料，包括团建材料、党建材料、高中毕业生登记表、学习成绩登记表、体质测试表、健康测试表、中学生社会实践活动登记表、中学生体育合格标准测试证（卡）、中华人民共和国学生体育合格证、高等学校考生招考登记表、高等学校招生考生体格检查表等（各地因地区差异，材料会有所不同，中学材料以学生所在中学或省招办寄来的为准，做好保存，及时入档）。

（2）学生进入高校学习后形成的材料：高考录取登记表、高考成绩单、学生登记表、毕业生登记表、学籍异动材料（含退学、转学、休学、更换专业、留级等）；团建材料、党建材料、奖励材料、处分材料，以及学生思想政治活动考核情况；成绩表（在校历年学业成绩总表、毕业设计成绩考核表）、学历学位授予情况、毕业生体检表、大学毕业生登记表、就业派遣及档案转递信息等材料、学籍变动材料等。

在档案工作实践中，上述材料有一部分由于会经常用到，一般装入学生的个人档案中。而新生录取花名册、学生成绩单、毕业底册和毕业生名册由于学校工作的需要，会被单独整理、集中存放，作为学校学籍档案的重要部分。

二、学籍档案收集整理流程

学籍档案收集整理是指依据有关法规及规章制度，将收集起来的档案材料以部门为单位，进行鉴别、分类、排序、编目和装订等，使之成为系统化和条理化的专门案卷，并在此基础上，不断对档案内容进行补充。

三、学籍档案整理有两种常见的类型

（1）对新建学籍档案的整理。

（2）因补充归档而对原有的档案进行局部整理。

四、在整理过程中应遵循以下原则执行

（一）整理档案范围

按照有关学籍档案法律、法规的要求，整理档案。

（二）档案整理程序

接受档案提交部门的整理申请；对其所要整理档案的内容、数量和整理、保管状况进行系统检查，为档案整理提供科学依据；办理档案交接手续；对档案进行消毒灭菌。

（三）档案整理流程

制订档案整理方案，区分全宗、分类、组卷、卷内文件的排列，拟写案卷标题、复查、编目、装订（或不装订）、案卷排

列、汇编案卷目录（根据国家档案局最新案卷整理规范，可按照新的档案整理要求提供档案整理服务）。

（四）档案整理内容要求

整理学籍档案应遵循完整、及时、真实、准确的原则，对提交的学籍档案纸质文档都应加盖公章。

（五）学籍档案管理要求

首先我们要加强高校学籍档案管理制度建设，严谨、科学、完善、配套的学籍档案工作规章制度，是协调、有序、正常地开展学籍档案管理的可靠保证。职能部门应建立健全收集整理、检查核对、鉴别归档、保管保密、转递送交和管理职责等各项规章制度，做到有章可循，有据可依，照章办事。同时，各级领导应该把执行制度作为加强制度建设的重点来抓，使学籍档案工作规章制度与其他管理制度一样真正得到贯彻执行。

其次要规范业务流程，做到责权分明。

最后，高校对口部门要定期加强业务档案管理人员的常规和智能化业务培训，积极宣传档案管理的重要性，提高存档材料的质量。

◇ 操作方法

一、招生底册的整理归档

通常我们所谓的"招生底册""高考录取底册""招生录取底册"，准确的叫法应该是"新生录取花名册"，是各个生源地所在省级招生部门同意该学生录取到某学校的录取审批表。入学时学校所在的省教育厅备案的底册一般是三联存档，并盖有学校印章和学校所在省教育厅招生录取专用章。

新生录取花名册（招生底册）是学生在学校注册学籍的依据，一般存放在学校档案室和学校主管省教育厅，比如2001年之前的很多信息在学信网上是查询不到的，这就需要学生到学校档案室复印新生录取花名册并且开具学校证明作为学历认证的依据。

　　学生的录取信息按照录取的批次，由市教委转到了学校招生办。九月份最后批次及补录取工作结束，单考单招的录取底册也都由对方省市教务转过来后，学校招办收集齐当年所有的录取学生的招生底册，便可汇集整理为档案。一般是按照录取类别、录取批次、文理科考生来排序整理，装订为一卷。

二、学生成绩单整理归档

　　每年春季和夏季毕业生资审后，发放毕业生毕业证书及学位证书。在毕业资审期间，各学院学籍管理老师即整理好系统中每名学生的成绩后便可形成毕业生存档的成绩单。学籍老师会在此期间，打印出每名学生的毕业成绩单，一式两份，一份放在学生的个人档案里（随学生毕业带走），另一份作为学校存档使用。

　　毕业生成绩表经教务处审核盖章后，统一按专业、班级、学号排列好（留级生的成绩放在本班后面），相同专业的班级为一卷。要求电子档中学生名单的排列顺序与纸质材料一致，经档案馆验收后办理移交手续。

三、毕业生底册整理归档

　　毕业生底册是高校对当年所有毕结业离校学生学业信息的一个汇总性成册记载。它的封面按照规定格式要包含学院信息、毕业生学历证书及学位证书的编号范围说明、日期等。其内容包含每名学生的学号、姓名、性别、学业不及格信息、奖惩信息、英语四六级成绩、毕业证书编号、是否获得学位证书、学位证书编号等信息，按照专业及学生学号顺序排列。

　　毕业生底册一式两份，统一用 A3 纸打印，每一页都要有院长或院学士学位评定组组长签字并加盖学院公章。毕业生底册要永久保存，不得随意涂改。确因特殊原因需要修改的，修改的地方要加盖学院公章。

　　毕业生底册中"奖励或处分"一栏，奖励项包括优秀毕业生、市级三好生、校级三好生、院级三好生、优秀干部五种；处分包括开除、留校察看、记过、严重警告、警告五种。若同一人荣获多个奖励，取其中最高奖励填写；若同一人曾受过不同处分，取其中最重的处分填写；同一人先后既受过奖励又受过处分，若处分为记过及以上级别的，则取处分进行填写，处分为记过以下的则以最后一次受到的奖励或处分填写。

　　毕业生底册原定由学院打印、整理、装订、盖院长章，交教务处，统一加盖校章及学位评定组组长（校长）章。现在变更为由教务处教学管理系统统一输出打印，打印为 A4 纸张大小，加盖校章及学位评定组组长（校长）章，交档案馆存档。

四、就业派遣工作归档

　　高校毕业生的就业派遣工作由学校的招生就业处负责。"就业报到证"由原来"派遣证"转化而来，是应届普通高等学校、应届普通中等专业学校（普通全日制，即统招生）毕业生到就业单位报到的凭证，也是毕业生参加工作时间的初始记载和凭证。毕业生到就业单位报到时，须持"报到证"。报到证的全称为"全国普通高等学校本专科毕业生就业报到证"（也简称"派遣证"），是列入国家计划内招生的大中专毕业生的一种重要标志，由教育部直接印刷，省级高校毕业生就业管理部门单独签发，列入国家就业计划的毕业生才能持有。用人单位以报到证为依据，接转毕业生的人事档案、接收安排毕业生工作。

就业报到证有两份，一份存入学生的个人档案，一份交给学生就业报到时使用。当就业工作基本完成后，招生就业处会以上报上级教育管理部门的统一表格为数据来源，打印招生就业处存档的"毕业生名册"，包括派遣名册、不派遣名册。其中派遣名册包含的是就业学生的信息，不派遣名册包含的是考研、出国、二次派遣，以及因个人原因暂时不就业的学生。"毕业生名册"的学生排列顺序是按照学生的学号顺序进行的。由于就业工作体现的是时间特征，招生就业处毕业生名册的归档时间向后顺延一年。

五、鉴别

（1）判断材料是否属学籍档案。

（2）判断材料是否有重复，是否齐全完整。对头尾不清、来源和时间不明的材料，要查清注明后再归档，凡是查不清楚或对象不明确的材料，不能归档。

（3）检查材料是否手续完备。写的材料、填的表格有无相关人员签名，组织上有无盖章，有无形成日期。凡不符合归档要求，手续不完备的档案材料，须补办完手续后再归档。

六、学籍档案材料的分类

依据国家教育行政主管部门颁布的有关法规，并结合学校实际制定的实施细则和规章制度，结合当前工作实际，对高校学籍档案材料六大类内容的原则划分如下：

第一类是入学注册材料。

第二类是成绩考核材料：成绩考核材料必须有任课教师和部门负责人签字，并加盖公章。学生有特殊情况者，应在备注栏备注缓考、旷考、取消考试资格等信息。提交的成绩单分数处不得有涂改，否则应提交相关支撑归档材料。

第三类是学籍异动材料，包括转学、转专业、升级、留（降）级、休学复学、退学等。所有材料均应有相关人员签字盖章方可归档，学籍异动材料包括个人审批表和学年或学期汇总表。

第四类是毕业资格与授予学位资格的审核材料，包括各学院毕业资审报告、毕业底册材料。毕业资审报告须学院负责人签字并加盖本学院公章，毕业底册每页均应有签字盖章。

第五类是补授学历学位资格证书材料，包括学生补授申报材料以及审批材料。

第六类是每学期在校学生名册材料，包括各学院班级每个学期在校学生名册有关材料，并应加盖公章。

七、学籍档案材料的排序

学籍档案材料的排列方法有三种：

（1）时序法。是按形成时间为序排列材料的方法，形成时间早的材料排在前，形成时间晚的材料排在后，由远至近反映学籍档案的情况。

（2）系统法。是按材料的重要程度为序进行排列的方法，适用于系列材料的排列。

（3）时系混合法。是时序法、系统法交叉使用的方法，适用于一个类别里有多套系列材料的情况。

八、学籍档案材料的编目

（一）学籍档案材料的编码

学籍档案材料的编码包括顺序号、页码。顺序号包括材料的类号和份号。类号是指对学籍档案材料所划分的十个大类号；份号是每类中具体材料的排序号。编写顺序号用铅笔，标在每份材料第一面的右上角。

（二）学籍档案材料的目录登记

每卷学籍档案必须有详细的档案材料目录。学籍档案材料的目录登记是指将材料排列之后，按照固定的目录档目和要求，将相应的归档材料逐份记载的工作。目录登记关键可以起到索引的作用，同时也可以起到固定、复查、保护档案材料的作用。具体做法列表说明如下：

（1）每大类的第一行填写大类号信息名称，大类号用汉字一至十表示。第二行开始按照各类别归档材料排列顺序逐份用阿拉伯数字1、2、3、4填写。

（2）材料名称一般要登记全称，名称较长的，可适当简化。没有名称或原标题与材料实际内容不相符的，应重新拟题登录。

（3）"材料制成时间"一般采用材料落款标明的最后时间。复制的材料采用材料的形成时间。并应当填全年、月、日。

（4）书写要规范，不准用圆珠笔、铅笔、红色或纯蓝墨水填写目录；不得涂改、粘贴；不允许用国家没有认可的简化字。

（5）每大类归档材料登入目录后，必须留出适量的空格，供补充材料时使用。

九、排列

①封皮；
②目录；
③学籍档案材料；
④备考表。

十、复核、装订

复核：认真细致进行复核，检查分类是否有误，排序、页码是否有误，装订方向是否正确，目录与材料是否一致等。

装订：把全卷材料理齐，条件好的应做到四面整齐，条件较差的，以左边和下边两面为齐。案卷左侧竖直设三个装订线眼，眼距（从眼中心算起）×××cm；线眼中心距左侧边沿×××cm，上、下线眼中心距上、下边沿为×××cm。

十一、案卷皮的书写

档案卷皮须书写档案部门的名称，不得用同音字或不规范的简化字。

十二、验收

装订后，再进行认真细致的检查，经检查验收无误后方可入库。

十三、学籍档案认定依据

（一）认定学历支持服务

认定学历过程中最直接有力的支撑材料即为"毕业生底册"。毕业生底册包含的信息主要有学号、姓名、性别、所在专业、是否准许毕业、是否授予学位等信息。由于毕业底册的整理、归档和电子化需要一定的时间，一般可以于学生毕业第三年7月后查询。

出于保证学生个人信息安全的考虑，需要对办理人员进行身份核验。如学生本人来办理上述查询业务，须持本人身份证件、毕业证（或学生证）；如非本人办理，代办人除须携带前款所规定的当事人证件的复印件外，还应提供有当事人亲手签名的委托书（委托代办人领取上述学生学籍档案的复制件）和代办人的身份证件的复印件。

毕业生底册按照毕业年度、学生类别和专业整理，因此在检索过程中要尽可能地与办理人员沟通，了解其准确的毕业年度、专业信息，以上述信息作为索引词查找该生在"毕业生底册"的所在页。值得注意的是，如果需要复印该底册页，为了保证其他学生的个人信息不被泄露，要对其他学生的信息进行遮挡。

对于毕业生底册显示"不同意毕业"或者"未授予学位"的毕业生，要提醒其回忆是否进行了补授学位或者结业证是否换发毕业证以及补授换发时间。到补授或换发年度的毕业生底册中查找含有该生信息的内容。有部分毕业生无法回忆具体的补授换发时间，根据各学校学籍管理规定，申请补授或者换发有时间限制，一般是毕业后两年。因此可以根据所在学校的学籍管理规定，在特定的时间段内逐一查找。找到含有补授或者换发信息的"毕业生底册"页，与"结业或者未授学位"页一起作为学位认证的支撑材料。

对于办理者本人称办理过补授或者换发，但在指定范围或者学籍管理规定所规定的范围内未找到该生补授或者换发的毕业生底册的情况，需要谨慎而认真地处理。一方面需要档案管理部门帮助查阅该时间段内教务、学生所在系部教学相关、学生部门的相关档案，尽可能地寻找相关的支撑材料。另一方面，要与教务部门沟通联系，必要时请教务部门工作人员配合信息查找工作。

（二）认定学生所学科目

出于认定学生所学科目的需要，在操作中，我们一般为学生开具在校期间的成绩单。成绩单包含学生学号、姓名、各课程名称、学分、课程性质、考试成绩等信息。由于成绩单的整理、归档和电子化需要一定的时间，一般可以在学生毕业第二年7月后查询。

出于保证学生个人信息安全的考虑，需要对办理人员进行身份核验。如学生本人来办理上述查询业务，须持本人身份证件、毕业证（或学生证）；如非本人办理，代办人除须携带前款所规定的当事人证件的复印件外，还应提供有当事人亲手签名的委托书（委托代办人领取上述学生学籍档案的复制件）和代办人的身份证件的复印件。

成绩单为学生每人一份，按照学院、专业、班级的顺序装订成册，在电子化时每份成绩单可以用学生的姓名命名。这样在检索中就可以按照学生的姓名检索，极大地提高检索的速度。

常有办理者要求删除或者修改成绩单中的成绩，对于这种情况我们要坚持原则，做好说服和宣传工作。

（三）认定学生录取情况

认定学生的录取情况主要将"普通高等学校招生录取新生名册"作为直接的支撑材料。

"普通高等学校招生录取新生名册"由上级招生主管部门在录取结束后发放，经归档整理后，学生于入学第二年7月后，可查询"普通高等学校招生录取新生名册"。

出于保证学生个人信息安全的考虑，需要对办理人员进行身份核验。如学生本人来办理上述查询业务，须持本人身份证件、毕业证（或学生证）；如非本人办理，代办人除须携带前款所规定的当事人证件的复印件外，还应提供有当事人亲手签名的委托书（委托代办人领取上述学生学籍档案的复制件）和代办人的身份证件的复印件。

"普通高等学校招生录取新生名册"中学生没有特定的顺

序，因此要与办理者沟通，明确其录取层次、批次、类别、生源地省份等信息，方便在众多的录取学生中寻找特定的学生。同样为了保护其他学生的个人隐私，要将其他学生的信息加以遮盖。

"普通高等学校招生录取新生名册"中只包含国家统招统分的学生，对于自考、成人等继续教育层次学生、留学生等，并不包含在新生录取名册中。上述学生的录取情况认定需要配合相关职能部门进行。

（四）认定毕业生去向

毕业生去向认定的主要依据是报到证底册。报到证底册上最主要的信息，是查找报到证号。通过该号码，学生可以到相关部门补办相关证明。

出于保证学生个人信息安全的考虑，需要对办理人员进行身份核验。如学生本人来办理上述查询业务，须持本人身份证件、毕业证（或学生证）；如非本人办理，代办人除须携带前款所规定的当事人证件的复印件外，还应提供有当事人亲手签名的委托书（委托代办人领取上述学生学籍档案的复制件）和代办人的身份证件的复印件。

需要注意的是，根据目前的政策，只有国家统招统分的学生才有报到证，自考、成教等继续教育层次学生、留学生等没有报到证。

✧ 图例（流程）

一、毕业生底册封面图

内页如图所示：

北京联合大学××××学院
20××届本科毕业生底册

学历证书编号：11417120××05××××××—11417120××05××××××
学位证书编号：11417420××××××—11417420××××××

北京联合大学××学院（盖章）

××××年××月×日

二、学籍档案整理流程图

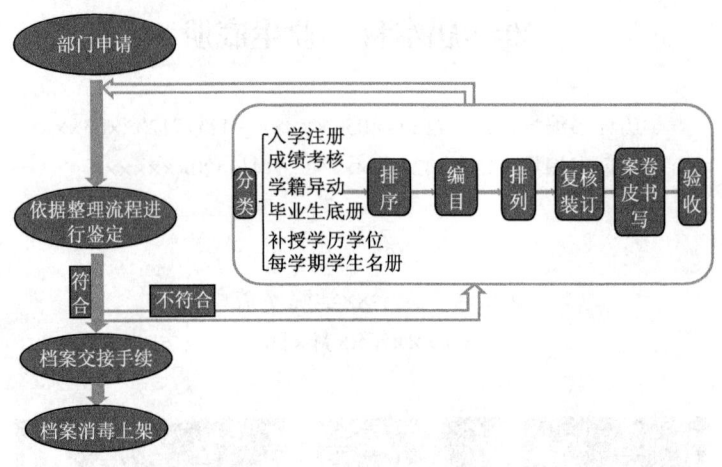

三、办理人员资格审查流程图

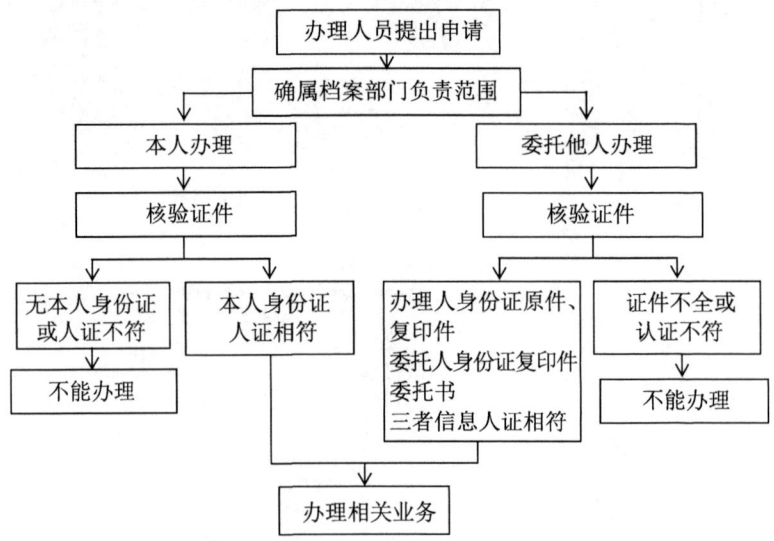

四、毕业生底册的查询

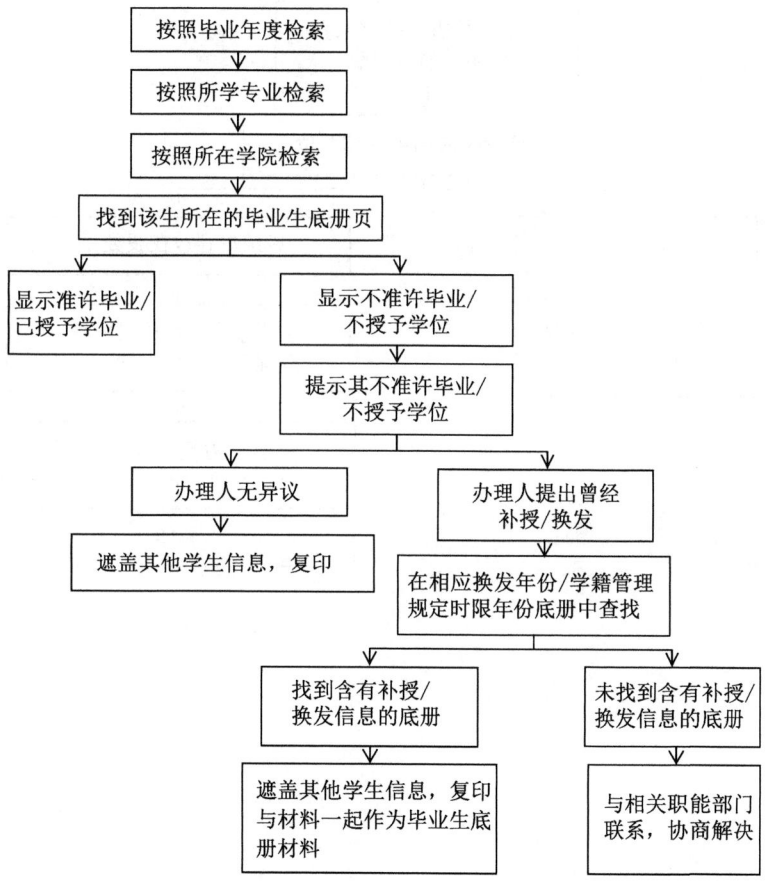

五、学生成绩单的查询

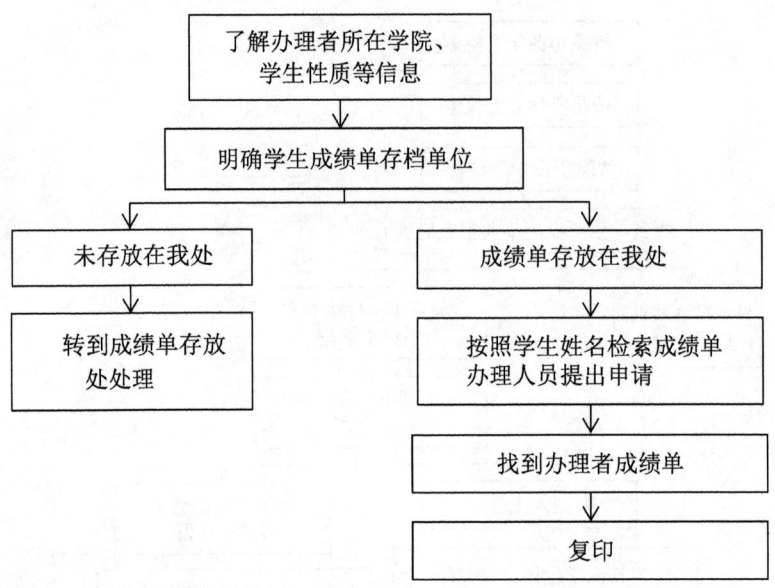

六、普通高等学校招生录取新生名册的查询

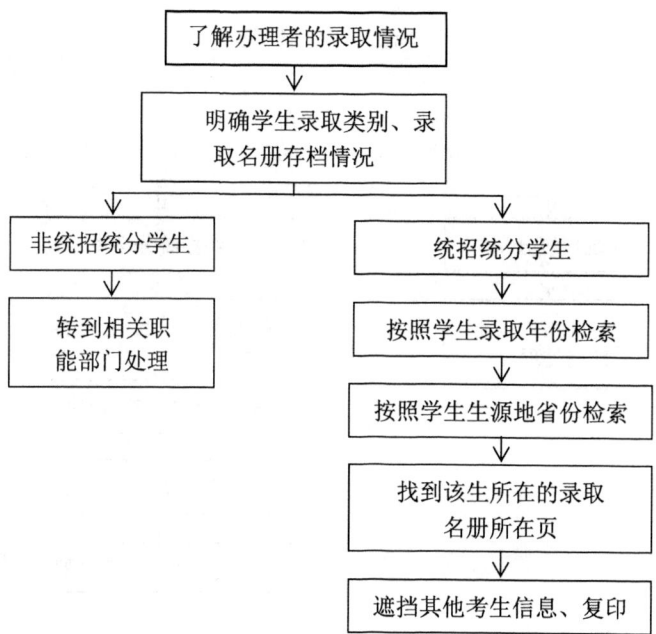

了解办理者的录取情况

↓

明确学生录取类别、录取名册存档情况

非统招统分学生 ↓ 转到相关职能部门处理

统招统分学生 ↓ 按照学生录取年份检索 ↓ 按照学生生源地省份检索 ↓ 找到该生所在的录取名册所在页 ↓ 遮挡其他考生信息、复印

七、派遣证号的查询

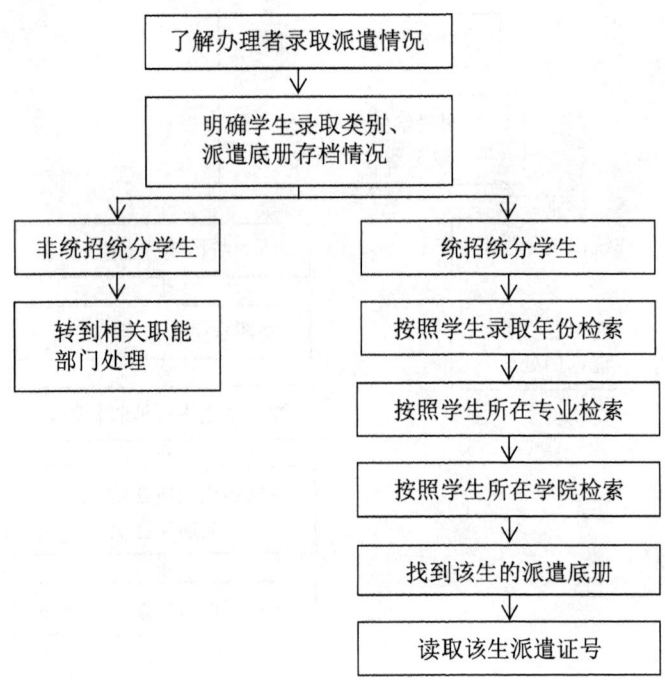

✧ 案例链接

改革开放以来，中国的高等教育事业飞速发展，高校基础设施建设投资巨大。以教学楼、实验楼、科研楼、综合楼为主体的校内建筑鳞次栉比，为人才培养、科研提升奠定了有力的基础。伴随着高校基建项目同步形成的还有大量的基建档案。这些基建档案成为基建项目建设、验收、使用、维护必不可少的条件和保障，是高校档案的重要组成部分，必须要按照规范、流程进行科学管理。否则，会给城市的规划与管理、给高校功能的充分发挥带来负面影响。

北京地区某高校从 20 世纪 80 年代中期开始，陆续建设了大大小小几十项工程，经过三十年的积累，基建档案数量众多。尤其是近十年，项目规模、数量迅速增加。但与此同时，基建档案的管理水平却不高。主要表现在：

（1）已经完工的几个项目，基建档案迟迟未向城建档案馆移交，档案堆放在一间办公室，尚未系统整理。

（2）多年前完工投入使用的工程，其基建档案比较凌乱，无序地存放在铁皮柜、纸箱等装具里，无法查找。

（3）多数基建档案因没有系统整理，所以没有向校档案馆移交，暂存在基建处的一间办公室里。室内铁皮文件柜、木质文件柜、纸箱等无规则地存放着各类档案，不利于档案的安全保管。

（4）没有基建档案目录，缺少检索工具，不便于档案利用。

（5）一些没有归档价值的资料，与基建档案混杂在一起，缺少鉴定和甄别。

（6）基建处对上述状况有一定认识，有意向对全部基建档案进行系统整理，但对于基建档案的管理规范和整理方法不了解，所以无从下手。再加上缺少专业指导，人力匮乏，导致进展缓慢。

鉴于以上情况，校基建处向有关档案专业机构寻求支持和指导，希望能够科学、高效地解决这些年遗留的问题。

❖ 知识要点

一、概念

高校基建档案是高校基建工程建设过程、工程质量的真实记录，也是建筑项目使用和维护的重要依据。随着高等教育的发展，高校基建项目不断立项、建设、使用，对高校基建档案实行全程管理，确保基建档案管理与基建工程同步进行，是符合科学规律的必然趋势。探索高校基建档案管理规律与方法，既关乎基建项目质量和基建档案质量提高，也关乎高校的整体管理水平提升，应该成为高校档案工作的重点之一。

二、专业术语

（一）基本建设（基建）

财政部《基本建设财务规则》（2016 年 9 月 1 日施行）（已被修改）第 2 条第 2 款提出："基本建设是指以新增工程效益或者扩大生产能力为主要目的的新建、续建、改扩建、迁建、大型维修改造工程及相关工作。"

（二）基建档案

基建档案也称为基建项目档案，是指建设项目全过程中形成的历史记录。

《基本建设项目档案资料管理暂行规定》（1988 年 3 月 27 日国家档案局、国家计委发布，国档发〔1988〕4 号）第 2 条提出："基本建设项目档案资料是指在整个建设项目从酝酿、决策到建成投产（使用）的全过程中形成的、应当归档保存的文件，包括基本建设项目的提出、调研、可行性研究、评估、决策、计划、勘测、设计、施工、调试、生产准备、竣工、试生产（使用）等工作活动中形成的文字材料、图纸、图表、计算材料、声像材料等形式与载体的文件材料。"

（三）工程档案

工程档案是从工程建设角度提出的概念，是基建档案的关联概念。高校特定基建项目建设过程中形成的工程档案，是高校基建档案整体中的一部分。

《建设工程文件归档规范》（GB/T50328-2014）提出，工程档案是指在工程建设活动中直接形成的具有归档保存价值的文字、图表、声像等各种形式的历史记录。

（四）城建档案

城建档案是从城市规划、城市建设、城市管理的角度提出的概念，每一个高校都位于特定的城市区域，高校基建项目受到所在城市相关部门的管理、指导。高校基建项目形成的档案，需要向区域城建档案馆移交。

建设部《城市建设档案管理规定》（2001 年施行）提出，城建档案是指在城市规划、建设及其管理活动中直接形成的对国家和社会具有保存价值的文字、图纸、图表、声像等各种载体的文件材料。

（五）工程资料

工程资料是建筑工程行业约定俗成的行业术语。在高校基建项目的建设过程中，所有信息记录均称之为工程资料。建设项目竣工验收后，工程资料经鉴定、归档，即转化为高校基建档案。

北京市颁布的《建筑工程资料管理规程》（JGJ/T185-2009）提出，工程资料是指在工程建设过程中形成的各种形式的信息记录，可分为基建文件、监理资料、施工资料和竣工图。

（六）基建文件

基建文件是指基建项目实施过程中形成的，处于使用过程中尚未归档的信息记录。

建筑工程行业也把"基建文件"视为与监理资料、施工资料和竣工图并列的一类工程资料。比如北京市《建筑工程资料管理规程》（JGJ/T185-2009）中提出，基建文件是建设单位从立项申请并依法进行项目申报、审批、开工、竣工及备案全过程所形成的全部资料。

（七）基建档案归档范围

基建档案归档范围是指基建项目结束后，经鉴定具有归档保存价值的信息记录。地方性建设项目，可依据所在地区的《建筑工程资料管理规程》（JGJ/T185-2009）或其他有关规定执行。国家重点工程可按照国家相应规定执行。前者例如北京市《建筑工程资料管理规程》（JGJ/T185-2009），后者例如《国家重大建设项目文件归档要求与档案整理规范》（DA/T28-2002）。

（八）高校基建档案分类定位

高校基建档案是一所高校全部档案的组成部分，其分类定位一般有两种方式（见第110页图例一）。

三、基建档案管理参考标准/规范

①《建设工程文件归档规范》（GB/T50328-2014）；

②《建筑工程资料管理规程》（JGJ/T185-2009）；

③《重大建设项目档案验收办法》（2006 年国家档案局、国家发展和改革委员会发布）；

④《国家重大建设项目文件归档要求与档案整理规范》（DA/T28-2002）；

⑤《科学技术档案案卷构成的一般要求》（GB/T11822-2008）；

⑥《建设电子文件与电子档案管理规范》（CJJ/T117-2007）；

⑦《北京市城建档案管理办法》（2003 年北京市人民政府令第 129 号）。

✧ 应用方向

本章内容可以作为高校基建部门、档案管理部门对基建项目档案的形成过程控制、归档整理的工作指导。

✧ 实践指导

一、基建档案形成过程控制

高校是基建项目的投资方、建设单位（甲方），高校的基建部门是项目管理的责任部门，应该在项目启动前就建立相应的基建档案管理制度，落实管控责任分工，并切实照此实施，这不仅是为了保证基建档案的归档质量，也是基建项目管理的要求。

（1）建设单位（高校）在与设计、施工、监理等单位的合同中，应当用具体条款明确规定各方对基建档案形成、管理、移交的责任与对基建档案的质量要求，并把各方向建设单位移交符合标准的基建档案作为结算的必要条件。

（2）明确一名基建档案管理负责人，通常由基建部门负责人担任。

（3）落实基建档案管理具体责任人，通常由基建部门的档案员、助理、秘书或文控员担任。

（4）预先明确采用哪一种基建档案管理标准，明确归档范围、整理方法、归档验收标准。

（5）建立以甲方档案员为核心的基建项目档案联系网络，疏通相互交接关系、档案移交范围，确定督导关系，统一工作标准，明确重要时间节点。

（6）基建项目实施过程中，定期召开各单位档案联系网络责任人沟通会；按照时间节点进行阶段性督导、检查、档案预验收、阶段性归档验收；发现问题迅速整改。

（7）高度重视变更、改版、补充文件的管理，确保基建档案的完成，确保归档、使用的是有效版本的文件。

二、基建档案的归档整理

单一基建项目在竣工完成或阶段性完成后，应以各类工程资料的形成单位和形成者为主，由各自单位的项目负责人主持，依据归档范围对工程资料进行鉴别、筛选，并将应归档的资料系统化，这是基建项目的重要工作环节。主要内容包括组卷、编目等。

对基建档案进行整理，首先是为了检查、核实归档文件的真实性、完整性、准确性、系统性、可用性，对不符合要求的文件进行订正、补充，使之达到归档要求。其次是为了保证归档文件内容上的有机联系，有效反映基建项目的知识成果。最后是为了满足归档后基建档案管理的统一要求，对全套档案进行必要的序化、配套、组合、说明。

基建档案的整理应符合如下原则：遵循基建项目文件的形成规律，保持各种文件的内在联系，反映项目成果全貌。

（一）基建档案的收集、整理责任

基建项目参建单位众多，不同单位分别形成档案，因此档案整理也应各负其责。其中包括相对独立的基建档案形成、积累、整理责任，以及各单位之间的移交责任。

1. 基建档案形成、整理、移交责任

（1）建设单位（高校）：负责收集、整理项目前期文件，以及项目实施过程中的招投标文件、合同文件、勘察设计基础资料、环保文件、消防材料、工程概（预、决）算文件、支付文件、协调会文件、工程管理声像资料等。

（2）监理单位：主要负责收集、整理监理实施细则、监理日记、监理月报、监理总结、监理（质量、进度、投资）控制文件、监理抽验资料等。

（3）施工单位：负责收集、整理开工报告、施工组织设计、施工计划、质量保证措施、原材料（构件）出厂证明、施工记录、施工总结、设计修改通知单、竣工图，以及施工过程中重要现场声像材料等。

（4）其他单位依据工作内容和范围形成，整理各自工作中的基建档案。

2. 各参建单位之间的基建档案移交责任

以北京市《建筑工程资料管理规程》（JGJ/T185-2009）为例，其中规定：

（1）专业承包单位（分包）、分包单位应向总包单位（或建设单位）移交不少于一套完整的基建项目档案。

（2）监理单位、施工总包单位应各自向建设单位（高校）

移交不少于一套完整的基建项目档案。

（3）建设单位（高校）应在工程竣工验收合格后 6 个月内，将城建档案馆预验收合格的工程档案移交城建档案馆。

因此，作为建设单位的高校，应当按照合同规定，督促施工总包单位、监理单位及时向高校移交基建项目档案，并要求总包单位督促专业承包单位（分包）移交基建项目档案，必要时可以直接督促分包单位。高校只有按照合同规定，按照预先明确的时间节点接收基建项目档案，才能及时向城建档案馆移交，才能为建设项目及时投入使用创造条件。

（二）基建项目档案的分类

此处所说的分类，是着眼于一个独立的基建项目，其形成的基建档案数量众多，图纸、文字材料动辄上千份，而且类型多种多样。在对这些档案进行整理前，首先要进行大类划分，必要时还要分二级类目、三级类目，然后才能对每一类档案进行精细化整理。也可以把基建档案的分类视为整理的第一个步骤。

就基建项目档案应该如何分类的问题，有国家或地方的专业标准可供依据。在基建项目档案需要经过国家或地方验收的情况下，以及基建项目档案需要向所在地区的城建档案馆移交的情况下，基建项目档案的分类是必须按照相应的规定、标准执行的。如果没有执行有关分类规定，基建项目档案的验收就不合格，城建档案馆也不会接受。这不仅对基建项目档案有影响，甚至可能会影响基建项目的验收和投入使用。

1. 国家档案局、建设部对基建项目档案的分类规定

《国家重大建设项目文件归档要求与档案整理规范》（DA/T28-2002）的分类：

《国家重大建设项目文件归档范围和保管期限表》详细列明

了国家重大项目的归档范围。在这个归档范围中，将全部档案分为 12 类，依次是：

①可行性研究、任务书；

②设计基础文件；

③设计文件；

④项目管理文件；

⑤施工文件；

⑥监理文件；

⑦工艺设备材料；

⑧科研项目；

⑨涉外文件；

⑩生产技术准备、试生产文件；

⑪财务、器材管理文件；

⑫竣工验收文件。

我们可以把上述 12 类视为一级类目。这种分类的优点是类目划分比较细，形成的文件归类比较明确。也因为一级类目多，所以分类层级相对较少。

因为各类项目的功能不同，所以不同项目的文件的类型不尽相同，即不一定都按照 12 类划分。比如高校基建项目，如果是教学楼、宿舍楼这类功能建筑，就可以不设置"工艺设备材料、科研项目"等文件类型。如果没有涉外事务，也就没有"涉外文件"类型。可见在操作过程中，在参照《国家重大建设项目文件归档范围和保管期限表》的前提下，具体的类目设置要根据高校基建项目的实际情况确定。

《建设工程文件归档规范》（GB/T50328-2014）的分类：

在《建设工程文件归档范围》中，将全部档案分为 5 个一级类，依次是：

A 类 工程准备阶段文件

B 类 监理文件

C 类 施工文件

D 类 竣工图

E 类 工程竣工验收文件

上述类目设置与《国家重大建设项目文件归档范围和保管期限表》的区别在于一级类目数量少，因此二级类目就需要更细。比如 A 类"工程准备阶段文件"，又细分为：

◎ 立项文件

◎ 建设用地、拆迁文件

◎ 勘察、设计文件

◎ 招投标文件

◎ 开工审批文件

◎ 工程造价文件

◎ 工程建设基本信息

在全部 A、B、C、D、E 五个一级类目下，二级类目一共有 25 个，甚至在若干个二级类目中还有三级类目。比如 C6 "施工试验记录及检测文件"下，又分为：

◎ 通用表格

◎ 建筑与结构工程

◎ 给水排水及供暖工程

◎ 建筑电气工程

◎ 智能建筑工程

◎ 通风与空调工程

◎ 电梯工程

正是由于明确的一级、二级、三级类目设置，所以高校基建档案的分类也比较清晰。在参照《建设工程文件归档范围》

的前提下，具体的类目设置根据高校基建项目的实际情况确定。

2. 地方性标准对基建项目档案的分类规定

基建项目档案的地方性分类标准，主要来自地方标准。以北京市《建筑工程资料管理规程》（JGJ/T185-2009）为例。该标准中，将基建项目档案分为4个一级类目：

A 类　基建文件

B 类　监理资料

C 类　施工资料

D 类　竣工图

一级类目数量更少，大类归属比较容易，但也就意味着二级类目、三级类目的层次相对较多，需要在一级类目下更仔细地划分。尤其是 C 类施工资料数量最大，所以层级最多。

凡是北京市行政区划范围内的高校所建设的基建项目，都要经过北京市规划建设管理部门审批、验收，其基建档案要向北京市城建档案馆移交，所以基建项目档案的分类通常按照这一标准执行。

3. 高校基建部门和档案管理人员对基建档案分类的把关

第一，从国家规定的角度看，高校基建部门和档案管理人员，并不是全部基建档案分类和整理的责任人。在上述基建档案一级类目中，"工程准备阶段文件""立项文件""基建文件"由建设单位（甲方）负责，也就是高校的责任。因此高校需要对这类文件进行归类、整理。

第二，高校基建部门和档案管理人员，需要对施工单位、监理单位和有关参建单位形成的文件的分类、整理情况进行过程督导和接收把关。按照移交目录，检查这些单位是否按照有关标准进行分类，检查各种文件是否归类正确。对发现的问题，应该及时督促纠正，直到检查合格。

第三，因为建设单位负责向城建档案馆移交竣工档案，所以高校基建部门和档案管理人员对移交给城建档案馆的成套基建档案的总体质量负有责任，要在移交前进行自检。

三、基建档案的整理方式

（一）案卷

档案整理的基本方法可以分为两类，其一，以"件"为单元的整理；其二，以"卷"为单位的整理。其区别在于整理的基本单元是"件"还是"卷"。

案卷是归档后基建档案管理的基础对象之一（另一种基础管理对象是"件"）。案卷的本质是一组内容上具有内在关联的单份文件组成的集合体。这些单份文件的关联不是人为的，而是科技规律、项目规律、文件规律等因素决定的。通俗地讲，因为一个基建项目形成的文件数量很大，不能直接归档、保存、利用。必须将全部基建项目的档案分解为以"案卷"为单位的若干管理对象，因此就有了"案卷"。

案卷的外在形式为盒、册、袋、夹。

（二）立卷

立卷，也称组卷，是基建档案整理的两种主要方法之一。另一种方法是组"件"，也就是"不立卷"的方式。

立卷就是要按照科技规律、项目规律、文件规律、档案管理规律等特定的规则、标准和方法，将一组内容有机相连的基建档案以盒、册、袋、夹等形式组织在一起，并通过"编目"使之固定下来。

立卷不仅针对蓝图和纸质文件，底图、电子文件也有案卷。对于底图和基建电子文件也可以通过采用一定的方法，把一组具有内在关联的文件组织在一起。只是"案卷"的表现形式上，三者有所不同。

在基建档案的整理中，这两种整理方法都可以采用。但是从基建项目的科技属性、技术内容的配套要求、项目结构的分解关系等角度考虑，基建项目档案更适合用"卷"为单元的整理方式，也就是通常所说的"立卷"。这也是有关国家、地方标准中推荐的方法。因此本章主要介绍基建档案立卷整理方法。

◇ 操作方法

一、基建档案以"卷"为单位的整理操作流程

当高校基建项目档案经过一级、二级、三级分类之后，每一个类目的档案数量相对缩小，这时候就可以进行组卷（立卷）了。

（一）立卷要求

（1）每个案卷内的基建档案，必须具有内容上的紧密关联。这是案卷的本质特征。

（2）每个案卷内的单份文件在价值上（保管期限、密级）应尽可能相同。即一个案卷内的所有档案，保管期限与密级应基本相同。不同价值的文件应适当分别组卷。这对于划分基建档案利用权限有利。但文件之间都有特定的内容关联，如果从价值角度生硬分开关联文件，将损害单份文件之间的技术联系，那就不必分开，还是归在一个案卷内。在此情况下，划定保管期限和密级时，采取"就高不就低"的原则，统一以其中最高密级、最长保管期限的文件作为划定该案卷密级和保管期限的标准。

（3）一组内容上有机相连的基建档案，如果数量较大，一个案卷盒无法容纳，可以分开组成几个案卷，并将这几个案卷连续排列。因为这几个案卷是连续排列的，所以其有机联系不会受到破坏。因此，这几个案卷不是一个案卷的几个分册，而是几个独立的案卷。

（4）基建项目档案在整理完成（甚至已经归档）后，因种种原因可能形成补充、后续文件。这些补充文件可以插入原有的案卷，并对已经完成的案卷目录、备考表等加以修改。也可以将这些补充文件单独组成一个案卷，放在其他案卷后面。这样就不必拆开原有的案卷，减轻了工作量。

（5）案卷形式应力求整齐、美观，案卷盒应比较坚固，有利于长期保存。

二、确定分卷的标准与方法，将全部基建档案分解为若干案卷

分卷的标准与方法，是指面对一个项目的全部基建档案，如何将其分解为一个个独立的案卷，以及什么是分卷的依据。

不同的基建项目档案，分卷的标准和方法不同。常见的分卷方法有：

（1）按基建项目的结构分解，每个结构单元的档案组成一个案卷。

如：基建项目设计过程可以分为可行性研究阶段、初步设计阶段、技术设计阶段、施工图设计阶段等不同阶段，每个设计阶段形成的基建档案分别组成案卷。

（2）按基建项目的专业划分，每个专业的基建档案分别组成案卷。

如：基建项目档案可分为土建专业档案、水暖专业档案、通风专业档案、强电专业档案、弱电专业档案、装饰装修专业档案等，各专业的基建档案分别组成案卷。

三、逐一对案卷内的单份文件进行排列

（一）卷内文件排列的基本依据

（1）文件的自然形成过程（时序）。

（2）文件的技术内容在结构上的隶属关系或工作程序上的衔接关系。

（3）文件的逻辑关系、重要程度，或主、次之分。比如同一事项的请示与批复，同一文件的印本与定稿、主件与附件，等等。排列时通常按照批复在前、请示在后，印本在前、定稿在后，主件在前、附件在后的顺序排列。

（二）卷内文件的排列方法

（1）单纯由文字材料组成的案卷，其文件应按照排列基本依据执行。

（2）单纯由图纸组成的案卷，如果是同一个专业，则按原图纸目录或图号排列；如果涉及多专业，则先按专业分别排列，然后同专业再按图号排列；如果出现原图纸目录与图号比较凌乱，不能作为排列依据的情形，可以按照图纸类型和文件内容的结构隶属关系排列。通常是总图在前，详图在后，详图再按结构顺序排列。

（3）图文混合构成的案卷，通常文字材料排在前，图纸排在后。但如果这样排列过于违背文件之间的逻辑关系，可以有所变通。关键是要分析文字材料的内容，了解这些文字材料的指向性。

（三）排列后的装订与不装订

案卷内单份文件排列完成后，可以采用装订或不装订两种形式。不管采用哪种形式，其中的"件"是必须要装订的。另外，案卷内不允许有金属物。

四、案卷编目的步骤

案卷编目就是通过一系列具体的处置方式来固定组卷的结果，并有效揭示每个案卷内的基建档案内容构成。编目是组卷的有机组成部分。

编目主要内容包括：编页号、填写卷内目录、填写案卷备考表、填写案卷封面、填写案卷卷脊五个环节。

（一）编页号

编页号是为了固定卷内单份文件的排列次序，确切统计文件数量，保护文件齐全完整。

如果案卷内的档案原本就有页号，在无变化的情况下，可不重新编写页号。如成册的印刷文件、成套的图纸以及其他编排有序的材料。

编页号应遵循如下方法：卷内文件有内容的页面均需要编号。每一个案卷单独编号。页号的字体统一用阿拉伯数字，从"1"开始编写。单面书写的文件，页号写在右下角；双面书写的文件，正面写在右下角，反面写在左下角。折叠后的图纸一律写在（右）下角。案卷封面、卷内目录、备考表不编页号。

（二）填写卷内目录

卷内目录是案卷内所有基建档案的清单和编排次序的记载，也是检索单份文件的依据。卷内目录排列在案卷内全部文件最前面。目录的幅面有两种，一种是 16 开（260mm×185mm），另一种是 A4 纸（197mm×210mm）。

成套的基建档案或图纸原有的目录，在无变化的情况下，可以直接用作卷内目录。但若与卷内文件实际情况不符，应重新填写卷内目录。原有目录应存入案卷，作为整个案卷的第一页。

1. 卷内目录的格式

卷内目录的内容包括序号、文件编号、责任者、文件材料题名、日期、页号、备注。

（1）序号：序号是"件"在案卷内的排列次序。以"一份文件"（可为多页）为单位，用阿拉伯数字填写，从"1"依次标注。

（2）文件编号：填写单份文件原有的文号或图号。

（3）责任者：填写文件的书写、拟制者（单位或个人），即最初（最直接）的成文者。

（4）文件材料题名：填写文件标题的全称。

（5）日期：填写文件的编制、形成日期。

（6）页号：也叫"所在页号"，是一份文件（"件"）在案卷内位置的表示。标注方法有两种：一是填写一份文件的起、止（首、尾）页号，二是只写一份文件的起始页号。

（7）备注：其他需要说明的事项。

（三）填写案卷备考表

1. 备考表的作用

案卷备考表是对案卷基本情况进行介绍和说明的一种记事表格。放在案卷内全部文件的末尾。备考表要表明卷内文件的件数、页数，不同载体文件的数量，以及在组卷和案卷使用过程中需要说明的问题。它由立卷人在立卷完成后填写，并且由基建项目（或专业）负责人、审查人签字。

2. 备考表的格式

案卷备考表包括说明、立卷人、立卷时间、检查人、检查时间、互见号等。其中"说明"主要标明案卷内文件的总页数、各种类型文件的页数，案卷内文件完整性、缺损情况、变更情况，以及立卷单位对案卷情况的说明。没有需要说明的事项可不必填写说明。"立卷人"由立卷责任人签名。"立卷时间"填写立卷完成的日期。"检查人"由基建项目（或专业）负责人或案卷质量审查人签名。"检查日期"填写案卷审核日期。"互见号"填写与本案卷内容相同而形式不同，且另行保管的基建档案保管对象号（档号），且注明其载体形式（光盘、磁盘等）。

（四）填写案卷封面

案卷封面的作用是揭示案卷内文件的内容和成分，使管理者和利用者清楚地了解案卷中的文件构成。便于案卷的管理和利用。同时，案卷封面的质量高低也直接影响基建档案目录和其他检索工具的质量。

（1）案卷封面有两种形式：一种是插卡式，可以更换，另一种是将内容直接印制在案卷封面上。

（2）案卷封面的内容：案卷题名、档（案）号、档案馆号、立卷单位、起止日期、保管期限、密级等。

（3）案卷题名的撰写：案卷题名应简明、准确地提示案卷内全部文件的内容。一个完整的案卷题名应包括三个内容：基建项目名称+卷内文件的内容特征+卷内文件的类型名称。其中"项目名称"是本案卷内基建档案记录和反映的产品、工程、科研专题、设备等项目的名称。比如基建工程项目，可以是单独的项目名称，也可以是项目名称和子项工程（分项）的结合。项目名称可以是中文名称，也可以是代号。"卷内文件的内容特征"反映的是该案卷所针对的项目下属技术单元、子项、专业、工序等内容的名称（因为一个案卷内通常是一个基建项目全部档案的一部分）。"卷内文件的类型名称"是案卷内主要的文件类型，比如图纸名称、文字材料名称等。

案卷题名示例：

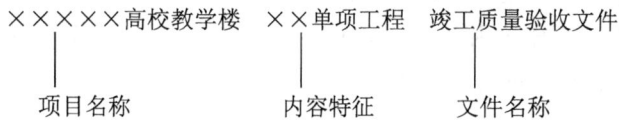

（4）案卷封面上其他的管理性内容包括：

①立卷单位——填写案卷内文件的形成与整理单位或主要责任者；

②起止日期——填写卷内全部文件的形成起止日期；

③保管期限——依据有关规定填写立卷时确定的保管期限。保管期限分为永久、定期（长期、短期）两种。对工程档案来说，"长期"通常是指保存期限等于该工程使用寿命；短期是指保存期限在20年以下；

④密级——依据国家或企业的保密规定填写案卷内单份文件的最高密级；

⑤档（案）号——档（案）号由档案馆（室）填写。档（案）号应由项目代号、分类号和案卷号组成；

⑥档案馆代号——填写国家、地方、行业给予档案馆的代号（如果有此代号）。

（五）填写案卷卷脊

案卷卷脊的作用是为了在案卷立式排架时能便利查找、调阅案卷。卷脊的主要内容包括保管期限、档（案）号、案卷题名。

五、进行案卷与案卷之间的排列

案卷与案卷之间的排列，通常综合考虑下列因素：

①基建项目的工作进程；

②案卷内基建档案的专业性质；

③不同案卷内基建档案的形成时序；

④不同案卷内基建档案的内容在技术结构上的隶属关系，或工作程序上的衔接关系。

✧ **图例（流程）**

一、高校基建档案分类定位

（一）第一种分类定位

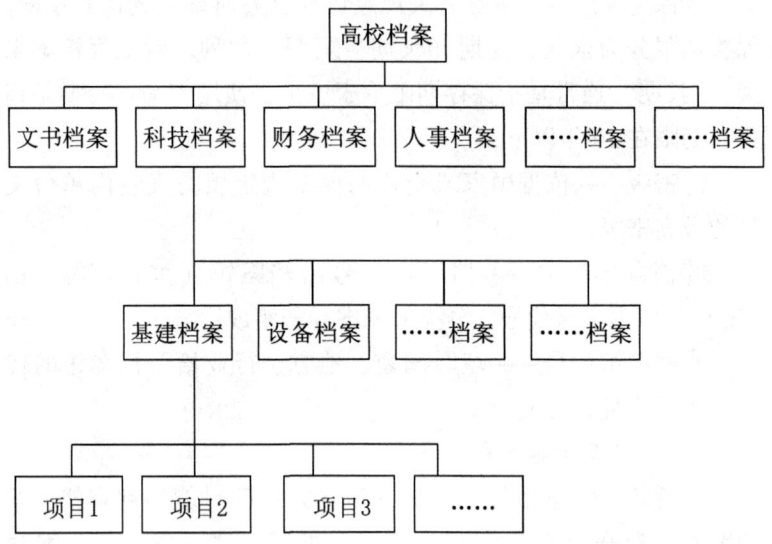

（二）第二种分类定位

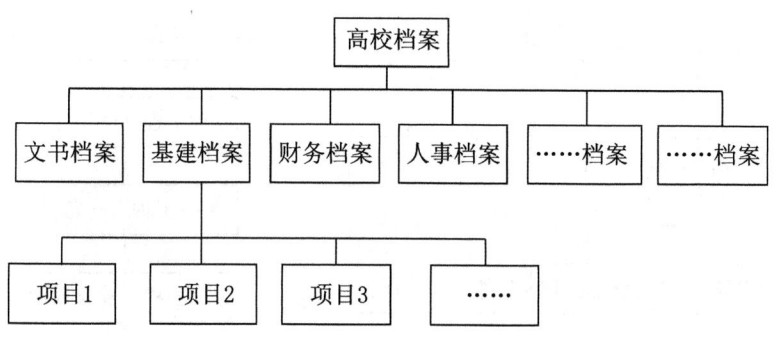

二、立卷整理流程

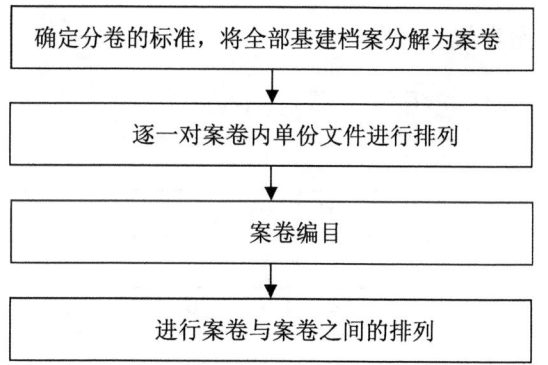

三、基建项目结构分解关系示意图

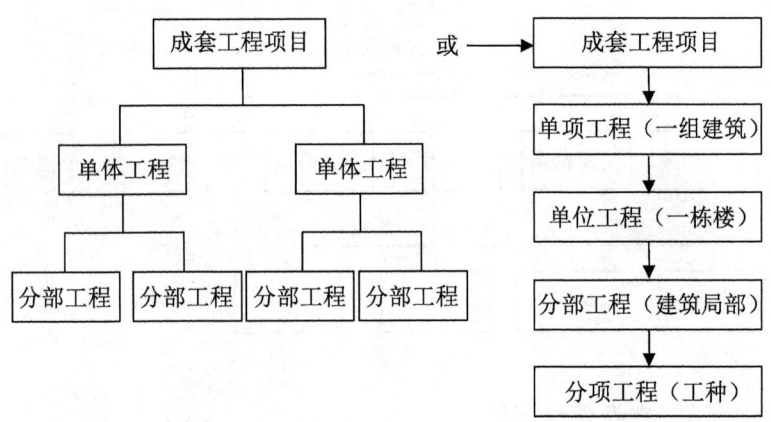

四、案卷编目步骤

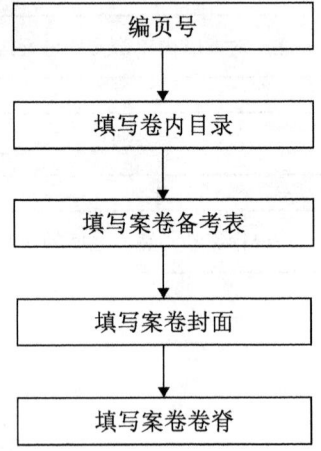

五、案卷目录

卷内目录

序号	文件编号	责任者	文件材料题名	日期	页号	备注

六、卷内备考表

卷内备考表

互见号

说明：

整理人：
检查人：
　　年　月　日

七、案卷封面

档　　号＿＿＿＿＿＿＿＿＿＿
档案馆号＿＿＿＿＿＿＿＿＿＿

（案卷题名）

立卷单位＿＿＿＿＿＿＿＿＿＿＿＿＿＿＿＿＿＿＿＿＿
起止日期＿＿＿＿＿＿＿＿＿＿＿＿＿＿＿＿＿＿＿＿＿
保管期限＿＿＿＿＿＿＿＿＿＿＿＿＿＿＿＿＿＿＿＿＿
密　　级＿＿＿＿＿＿＿＿＿＿＿＿＿＿＿＿＿＿＿＿＿

八、案卷卷脊

保管期限
档号
案卷题名

◇ 案例链接

A 高等院校成立于 20 世纪 80 年代，经历 30 多年的发展，目前已经成为具有办学区域多元性、学科专业综合性、人才培养复合性的高等院校。A 学校设财务处进行会计核算和财务管理，工作中涉及的会计档案包括会计凭证、会计账簿、财务会计报告，也包括银行存款余额调节表、银行对账单、纳税申报表等其他具有保存价值的会计资料，A 学校已经实现会计电算化。在对会计档案进行管理的过程中，A 学校也面临着一些问题。首先，A 学校有多个办学区域，各校区均设有报销点进行日常报销，会计档案的形成地点分散，每年产生的会计档案需要统一归集到学校财务处和档案馆所在地进行归档和保管，工作量较大并存在一定的丢失毁损风险。其次，A 学校在发展过程中，会计档案经历了手工台账管理阶段和不同的财务电算化软件管理阶段，各阶段的会计档案不统一，导致外部检查单位、内部员工在调阅凭证时，档案调阅工作量巨大。最后，A 学校在发展建设过程中经历的调整及变化较多，因此经有关部门鉴定，绝大多数会计档案需长期留存备查，造成已经超过保管期限的会计档案仍需长期保存，因此会计档案数量多，占地面积大，管理成本高，这些问题的存在给档案管理工作带来了极大的困扰。

在传统会计领域，合法入账的会计凭证一直被视为传统会计得以存在的根本，以会计原始凭证为载体的初始信息必须经过人工的审核、确认、分类、记账、计算、汇总、调整等加工过程，才能形成有用的会计信息，这一过程中形成了大量的会计档案材料。当前，会计电算化和网络技术的广泛应用，已基本上把会计信息的采集和加工电子化，效率的提高和成本的节约是显而易见的。与此同时，学校对会计档案的管理由实物向电子化转变也成为可能。会计档案电子化不仅仅有利于会计信息采集和披露成本的节约，更是高效地完成档案传递，进一步提升会计档案管理水平的必由之路。

就 A 学校而言，第一方面，应该规范会计档案管理制度，在档案的收集、整理等方面形成统一标准、统一要求、统一程序，同时通过管理创新尽量减少原始凭证的数量，如推行无现金报销、网上预约报销等；第二方面，在档案室建设方面，应大力推广使用中转室、密集架等特色产品，方便会计档案的归档和摆放，节省会计档案的空间占用，增加存储空间；第三方面，应该推进电子档案管理系统的建设，实现原始凭证影像化管理，记账凭证、账簿、报表电子化管理，形成完整系统的电子档案数据。在此基础上，档案借阅可以通过网络进行电子申请及审批，调阅主要以电子档案为主，纸质档案为辅；第四方面，加强会计档案精细管理，尽快完成历史档案的电子化，确保库存实物档案与电子数据的对应一致，提升会计档案管理水平。

◇ **知识要点**

一、对高校会计档案管理的认识

会计档案是机关、团体、企事业单位在经济管理活动中接收或形成的，记录和反映单位经济业务事项的，具有保存价值的会计资料，包括会计凭证、会计账簿、会计报表等种类。对于高校而言，会计档案不仅仅是记录和反映经济业务事项的文字和图表等材料，也是单位预算形成和执行、财务收支监管和控制的重要依据。与一般档案相比，会计档案特殊的内容和专门的方法决定了其具有较强的专业性，因此，需要专门的制度予以规范，加强管理，有效保护和利用会计档案。近年来，随着以计算设备为辅助的会计电算化技术的逐渐普及，特别是随着电子商务、网上支付结算、电子发票等基于互联网技术的新业态的发展，对高等院校会计核算以及会计档案的管理提出了更多新的要求。

2015 年 12 月 11 日，财政部、国家档案局正式发布新的《会计档案管理办法》（财政部、国家档案局令第 79 号），国家机关、社会团体、企业、事业单位以及按规定应当建账的个体工商户和其他组织应以此为基本依据管理会计档案。《中华人民共和国会计法》第 23 条规定："各单位对会计凭证、会计账簿、财务会计报告和其他会计资料应当建立档案，妥善保管。会计档案的保管期限和销毁办法，由国务院财政部门会同有关部门制定。"高等院校的会计档案工作的组织，应该严格执行国家有关制度的规定。

二、高校会计档案的种类

高校会计档案的种类包括纸质会计档案和电子会计档案。

（一）纸质会计档案

高等院校的纸质会计档案，按照用途可以分为以下四类：

1. 会计凭证

会计凭证是记录经济业务、明确经济责任的书面证明，是登记账簿的重要依据。会计凭证又分为原始凭证、记账凭证两大类。

原始凭证是在经济业务发生时取得或填制的凭证，它是进行会计核算的原始资料和重要依据。原始凭证按照其来源，又可分为自制原始凭证和外来原始凭证。自制原始凭证是本单位有关部门和人员在某项经济业务时所填制的凭证；外来原始凭证是从其他单位或个人取得的凭证，如单位购买材料货物时从供应单位开来的购货发票等。

记账凭证是根据原始凭证编制的，用以在账簿上进行记录的会计凭证。记账凭证又可分为收款凭证、付款凭证和转账凭证三种。

2. 会计账簿类

会计账簿是以会计凭证为依据，全面、联系、系统地记录和反映各项经济业务的簿籍。会计账簿将会计凭证提供的大量而分散的微观经济核算材料，加以归类整理，登记到有关账簿中，可以全面系统地反映一个单位的经济活动状况。

会计账簿按用途可分为序时账簿、分类账簿和备查账簿。序时账簿又称日记账，是按照经济业务完成时间的先后顺序进行登记的账簿。分类账簿是按账户对本单位全部或部分经济业务进行分类记录的账簿。其中，按总分类账户来登记各项经济业务的账簿叫作总分类账簿，简称总账；按明细分类账户来登记各项经济业务的账簿叫明细分类账簿，简称明细账。备查账簿是对序时账簿和分类账簿中未能记载的事项进行补充登记的账簿。会计账簿按外在形式，可分为订本账簿、活页账簿和卡片账簿等。

3. 财务报告类

财务报告分为月度、季度、年度财务报告，包括会计报表、附表、附注及文字说明及其他财务报告。

会计报表是以会计账簿为依据，按照规定的格式、内容和编制方法，总括反映单位经济活动和财务收支情况的报告文件。它是根据会计账簿的记录，对其归类、整理和汇总而编制出来的一套完整的指标体系，是会计核算工作的最终产物。会计报表按编制时间，可分为日报、旬报、月报、季报和年报。

4. 其他类别

其他类别包括银行存款余额调节表、银行对账单、其他应当保存的会计核算专业资料、会计档案移交清册、会计档案保管清册、会计档案销毁清册等。

高等院校的纸质会计档案按照内容一般可以分为以下五类：

（1）综合类。包括上级单位颁布的有关财务工作的管理文件、学校财务管理制度及有关规定、财务计划、相关请示、批复、学校财务管理方面的其他文件、会计档案移交清册，会计档案保管清册，会计档案销毁清册等。

（2）会计报告类。包括预算及决算会计报表、年度规划表、预算分配表、预算调节表、各类统计报表、年度决算分析报告及预算、决算说明等。

（3）会计账簿类。包括学校全部经济业务涉及的各类总账、明细账、日记账等。

（4）会计凭证类。包括学校全部经济业务涉及的原始凭证、记账凭证、银行存款余额调节表、银行对账单，涉及债权、债务及待清理事项的各种会计凭证等。

（5）工资清册类。包括工资发放清册及银行支付通知存根、奖学金、助学金发放清册及银行支付通知存根等。

（二）电子会计档案

高校的电子会计档案的种类有：存储在计算机硬盘中的会

计数据、用其他磁性介质或光盘存储的会计数据和计算机打印出来的书面等形式的会计数据。会计数据是指记账凭证、会计账簿、会计报表等数据。

《会计基础工作规范》第45条第2款规定："实行会计电算化的单位，有关电子数据、会计软件资料等应当作为会计档案进行管理。"同样，对高等院校而言，实现会计工作信息化后形成的各类会计账簿、报告、凭证等电子数据，存储会计数据和程序的光盘、软盘及其他存储介质，系统开发运行中编制的各种文档及其他会计信息资料均属于电子会计档案。

三、高校会计档案的收集和整理

（一）会计档案的收集

按照《会计档案管理办法》第10条的规定："单位的会计机构或会计人员所属机构（以下统称单位会计管理机构）按照归档范围和归档要求，负责定期将应当归档的会计资料整理立卷，编制会计档案保管清册。"

在高等院校会计工作的正常情况下，会计档案材料的收集和积累是通过会计工作人员在日常工作中分散实现的，因为会计档案是在会计工作的各具体环节中产生的。因此，在会计工作的各流程及环节中，由经手的会计人员广泛收集零散的会计档案材料并进行整理及立卷，有利于会计档案的完整，能够保证会计档案的质量。

此外，还应该做好电算化会计档案的收集。电算化会计档案的收集是指在一定的时间内把计算机系统中的所有会计数据备份存储到磁性介质或光盘上，从而形成脱机保存的会计档案。财务部门应妥善收集并保存财务数据的备份文件。除了备份会计数据之外，还应收集保存与电算化会计数据有关的背景信息，例如计算机硬件系统的型号、存储空间及配套设备的类型；计算机、汉字及网络操作系统；财务软件的数据库系统类型、系统名称、版本号；财务软件的销售与维护公司的相关信息；与会计电算化软件系统相配套的各种说明书及使用手册等。

在实施电算化会计核算的情况下，会计档案的归档要求是"双轨制"，即电子核算材料和打印输出的纸质核算材料一并归档。

（二）会计档案的整理

会计档案的整理就是对会计档案进行系统排序，包括分类、立卷及编目等业务活动。会计档案整理的整体原则是：遵循会计档案的自然形成规律和固有特点，在保持各类档案材料间的联系的同时区分其保管价值和不同类型，以便于保管和利用。会计档案的分类是以会计核算业务为基础，在整理过程中设计并执行会计档案划分方案；会计档案的立卷是将相互联系、保存价值和保密等级相同或相近的会计记录、会计文件组合成会计档案保管的活动；会计档案的编目是通过一定的方式和方法，将会计档案整理的工作成果固定下来的活动。

四、高校会计档案的鉴定和处置

会计档案的鉴定，是依据国家统一规定的会计档案保管期限，结合本单位实际情况，对本单位会计档案的质量及实际保存价值进行鉴定。会计档案鉴定工作的重要内容是确定会计档案的保管期限。

会计档案的处置，主要是指对经过鉴定的会计档案，按照鉴定意见进行续存或销毁；立档单位发生变化时对会计档案进行移交等管理活动，会计档案的处置必须按照规定程序进行，保证处置的合理性。

✧ 应用方向

高等院校会计档案的应用就是会计档案的利用者通过档案利用服务，找到所需的会计档案信息，从而发挥会计档案的利用价值。

会计档案的用途主要有：第一，会计检查。在上级主管单位及社会监督单位对学校进行的经济活动、财务收支等会计检查中，会计档案是确定事实情况、明确经济责任的主要依据。第二，会计分析。通过学校会计档案，可以为经济活动分析决策、预算执行及决算分析、经济统计、绩效评价等提供决策依据及数据支撑。第三，日常查考。在学校的日常工作中，出于证明、法律等原因，需要对会计档案进行查找和利用。

会计档案的应用方式主要有：第一，阅览。档案管理部门提供特定场所，按照规定程序向需求者提供会计档案的阅览，这是目前档案管理部门提供会计档案信息最主要的方式。第二，外借。档案管理部门为满足需求者的特殊利用需求，如提供会计档案作为证据等，暂时将会计档案借出到档案馆（室）外使用。需要注意的是，单位保存的会计档案原件，除确因工作需要且根据国家有关规定必须借出的，一般不得对外借出，外借会计档案应主要供本单位其他业务部门使用，且必须严格按照规定办理相关手续。第三，制发副本或会计档案证明。制发副本是档案管理部门根据需求者的合理需要，通过复印等复制手段，向需求者提供会计档案复制品。制发会计档案证明是档案管理部门根据需求者的申请，为其核实会计档案记载或保存情况并提供书面证明。第四，咨询。档案管理部门就需求者提出的关于会计档案利用方面的问题进行答复和指导。

◇ 实践指导

会计档案与其他档案相比，其产生的领域和内容性质都具有较强的专业性。从产生的领域来说，会计档案全部是在本单位会计工作过程中形成的，是会计专业活动的有机组成部分；从内容性质来说，会计档案具有反映和记录会计核算活动及结果的专业特点，要求必须符合内容合规、数据平衡、格式规范、序时形成的专业属性。

一、会计档案的收集

（一）要明确应收集归档的会计档案范围

高等院校应该严格按照财政部、国家档案局发布的《会计档案管理办法》所规定的会计资料进行归档，包括：

（1）会计凭证。包括原始凭证、记账凭证。

（2）会计账簿。包括总账、明细账、日记账、固定资产卡片及其他辅助性账簿。

（3）财务会计报告。包括月度、季度、半年度、年度财务会计报告。

（4）其他会计资料。包括银行存款余额调节表、银行对账单、纳税申报表、会计档案移交清册、会计档案保管清册、会计档案销毁清册、会计档案鉴定意见书及其他具有保存价值的会计资料。

同时满足下列条件的，单位内部形成的属于归档范围的电子会计资料可仅以电子形式保存，形成电子会计档案：

①形成的电子会计资料来源真实有效，由计算机等电子设备形成和传输；

②使用的会计核算系统能够准确、完整、有效接收和读取

电子会计资料，能够输出符合国家标准归档格式的会计凭证、会计账簿、财务会计报表等会计资料，设定了经办、审核、审批等必要的审签程序；

③使用的电子档案管理系统能够有效接收、管理、利用电子会计档案，符合电子档案的长期保管要求，并建立了电子会计档案与相关联的其他纸质会计档案的检索关系；

④采取有效措施，防止电子会计档案被篡改；

⑤建立电子会计档案备份制度，能够有效防范自然灾害、意外事故和人为破坏的影响；

⑥形成的电子会计资料不属于具有永久保存价值或者其他重要保存价值的会计档案。

（二）要明确会计档案的归档时间

当年形成的会计档案，在会计年度终了后，可由单位会计管理机构临时保管一年，再移交单位档案管理机构保管。因工作需要确需推迟移交的，应当经单位档案管理机构同意。

单位会计管理机构临时保管会计档案最长不超过三年。临时保管期间，会计档案的保管应当符合国家档案管理的有关规定，且出纳人员不得兼管会计档案。

（三）要明确会计档案的归档份数

对于一般性质的会计资料和文件等，通常只需归档一份即可，但是特殊的会计档案，应该留存安全副本或备份文件。

对于电子会计档案，高等院校必须建立备份制度，保证会计资料的基本安全。相对于纸质会计档案，电子资料存在更多的灭失风险因素，易受高温、潮湿、电磁、剧烈震动等影响而失效。在电子会计资料打印输出的情况下，纸质资料与电子资料实际形成相互备份关系，如果不打印，则对于电子资料的备份要求就相应产生。

二、会计档案的整理

在会计档案的整理过程中，首先要对会计档案进行分类，常用的分类方法主要有：

1. 年度-类别-保管期限分类法

将不同年度的会计档案区分开，然后把同一年度的会计档案分为财务报告（报表）、账簿、凭证三大类，最后按不同的保管期限分别组成保管单位进行排列，一年编一个流水号。这种分类方法适用于只有一种会计类型的单位采用，如基层单位预算会计。

2. 年度-保管期限-组织机构-类别分类法

首先把一个年度内形成的会计档案按保管期限初步分类，相同保管期限的会计档案再按组织机构分类。然后在每个组织机构内按报表、账簿、凭证分别组成保管单位。这种分类方法适用于财政部门的总预算会计。

3. 年度-会计类型-类别分类法

先把一个会计年度内的会计档案按会计档案类型如税收会计、经费会计等分类，然后将同一会计类型的档案分成报表、账簿、凭证分别进行排列。这种分类方法适用于税收机关及银行会计。

高等院校会计档案的整理适合采用第一种分类方法，其优点是简便易行，便于对档案进行查找和利用。

要对会计材料进行立卷，对于年度中形成的会计档案，应当由财务部门按照归档要求，负责整理立卷，装订成册，编制会计档案保管清册。会计档案的立卷，应遵循会计档案的形成规律，保持其内在联系，将会计凭证、会计账簿和会计报表分别组卷。

立卷完成后，要对会计档案进行案卷排列、编号并编制案卷目录。会计档案案卷的排列方法与会计档案整理的分类一致；

会计档案的编号是对会计档案经过分类、立卷、排列之后的最终次序给出的号码，具有标识和固定会计档案的物理顺序和位置的重要功能，并为会计档案的保管、统计和查找利用提供了便利；会计档案案卷目录是记录和反映案卷内容和成分并按一定次序编排的一览表，它既能够反映会计档案的物理位置，又能够在一定程度上揭示会计档案的信息内容，还能够为会计档案的统计工作提供基本依据。会计档案案卷目录是一种传统的手工管理工具，又称为"案卷名册"。

三、会计档案的鉴定

高等院校的会计档案鉴定工作分为立卷鉴定、复查鉴定、销毁鉴定三个不同的阶段。立卷鉴定是在会计材料立卷时进行的初步鉴定工作，主要任务是划定保管期限；复查鉴定是定期对已经确定保管期限的会计档案进行复查，对保管期满的档案进行重新鉴定，决定是继续保存还是剔除销毁；销毁鉴定是对准备销毁的会计档案作最后的审查，避免误销档案。

四、会计档案的处置

经鉴定后应继续保存的会计档案，由学校档案管理部门继续留存保管。

经鉴定后应予销毁的会计档案，必须由学校档案管理部门按照规定的程序和规范的操作方法进行销毁。应注意的是：第一，对于保管期满但未结清的债权债务原始凭证和涉及其他未了事项的原始凭证不得销毁，应当单独抽出立卷，保管到未了事项完结时为止。同时，单独抽出立卷的会计档案，应当在会计档案销毁清册和会计档案保管清册中列明。第二，正在项目建设期间的建设单位，其保管期满的会计档案不得销毁。

立档单位发生变动的情况下，应该按照《会计档案管理办法》对会计档案归属和保管问题的规定进行处置：

（1）单位因撤销、解散、破产或其他原因而终止的，在终止或办理注销登记手续之前形成的会计档案，按照国家档案管理的有关规定处置。

（2）单位分立后原单位存续的，其会计档案应当由分立后的存续方统一保管，其他方可以查阅、复制与其业务相关的会计档案。

（3）单位分立后原单位解散的，其会计档案应当经各方协商后由其中一方代管或按照国家档案管理的有关规定处置，各方可以查阅、复制与其业务相关的会计档案。

（4）单位分立中未结清的会计事项所涉及的会计档案，应当单独抽出由业务相关方保存，并按照规定办理交接手续。

（5）单位因业务移交其他单位办理所涉及的会计档案，应当由原单位保管，承接业务单位可以查阅、复制与其业务相关的会计档案。对其中未结清的会计事项所涉及的会计档案，应当单独抽出由承接业务单位保存，并按照规定办理交接手续。

（6）单位合并后原各单位解散或者一方存续其他方解散的，原各单位的会计档案应当由合并后的单位统一保管。单位合并后原各单位仍存续的，其会计档案仍应当由原各单位保管。

（7）建设单位在项目建设期间形成的会计档案，需要移交给建设项目接受单位的，应当在办理竣工财务决算后及时移交，并按照规定办理交接手续。

◇ **操作方法**

一、会计档案的收集

对于当年形成的会计档案，在会计年度终了后，可由财务部门保管一年，期满之后，由财务部门编制"会计档案移交清单"，移交本单位档案管理部门统一保管；未设立档案管理部门的，应当在财务部门内部指定专人保管。移交会计档案时，交接双方应按照"会计档案移交清单"认真清点并履行签字手续，清单一式两份，一份随会计档案移交档案管理部门保管，一份由财务部门留存备查。

需要注意的是，电子会计档案的收集中，会计核算系统内打印输出的凭证、账册、报表等，必须经会计主管签章，才能进行存档。对于会计核算系统必须定期进行数据备份，包括系统软件和数据、业务数据、操作日志。原则上对于系统实施每周一次的数据库级备份、每月一次的系统级备份。对所有备份的数据，应每月进行不少于一次的数据完整性校验。对于需实施系统升级等变更的系统，在变更实施前后均应进行数据备份，必要时还应进行系统级备份。备份软盘应贴写保护标签，装入盘套，存放在具备安全存储条件的场所。

二、会计档案的整理

高等院校会计档案的分类，通常采用的是年度-类别-保管期限分类法，实际操作时，先把会计档案按照会计年度进行一级分类，再把同一年度的会计档案按照形式分成财务会计报告、账簿、会计凭证、其他资料四类进行二级分类，最后在每个二级类别中按照保管期限，按照永久、30年、10年、5年排序进行三级分类。这种分类方法简便易行、规律统一，便于查找和利用。

对于形成的会计文件和记录，应由财务部门视具体情况，采取平时归卷和年终立卷相结合的方式，进行会计档案立卷。

（一）会计凭证的立卷

会计凭证按照时间顺序逐日产生，当会计凭证的内容被登记到会计账簿上后，应每月将记账凭证连同所附的原始凭证，按其编号顺序立卷，并根据数量多少装订成一册或若干册，每册会计凭证为一个保管单位。采用收款凭证、付款凭证、转账凭证的单位，可将其分别编号成册。某些具有重要价值的原始凭证，如经济合同、涉外凭证等，可以单独装订成册，但应在有关记账凭证上注明，以便日后查考。会计凭证装订时应去掉金属物，加上封面与封底，会计凭证的封面项目包括单位名称、会计凭证名称、时间、册数、册次、记账凭证起止号、记账凭证数、附件数、会计凭证总数、会计主管及装订人签章、装订时间、备注。

（二）会计账簿的立卷

会计账簿通常在年终结账或决算后立卷，整理时对订本账不拆去空白页，保持其完整性。对于活页账和卡片账，在整理时应去掉空白页，前面加账簿封面，后面加备考表，编好页码，装订成册。跨年使用的固定资产账簿，应该在用完的那一年立卷归档。账簿封面应标注单位名称、账簿名称、年度、页数、账簿起止日期、经管人员、保管期限、案卷号等。

（三）财务报告的立卷

高等院校的财务报告主要包括月、季、年度会计报表、报告及财务分析等材料，其中以会计报表为主。财务报告的立卷在年度决算之后，通常按年报、季报、月报分别整理立卷。会计报表常会随附一些对报表进行分析和说明的文字材料，如财务情况说明书、上级主管部门审核批复意见等，这些文字材料是报表的重要组成部分，整理时应一起组卷，以保持它们在内容上的密切联系。需要注意的是，本单位与下属单位的财务报告要分别立卷；年度财务报告必须单独立卷，月度和季度财务报告可以视数量合并或单独立卷。立卷时应在财务报告上加封面和封底，封面标注财务报告名称、立卷部门、年（季、月）度、页数、保管期限、案卷号等。

完成立卷后就要对会计档案进行排列，高等院校的会计案卷通常是按照"年度–类别–保管期限"进行排列的。方法是：将同一个年度形成的会计档案，分成会计报表、会计账簿、会计凭证、其他会计档案四类，每类中按照保管期限降序排列，一年编一个流水号。按照国家教委《高等学校档案工作规范》的要求，高等院校的会计档案号的编制模式为："会计档案号＝年度代号+会计档案分类号+案卷号"，例如：2007–CK1.1–1，2007 表示该会计档案形成的年度；CK1.1 表示会计档案代码、会计报表分类号、决算报表分类号；1 表示年度决算报表分类号。

为了便于对完成立卷的会计档案进行检索，需要编制会计档案案卷目录。案卷目录包含的主要项目有：

①顺序号：案卷在本册目录的顺序编号，一般采用自然数；

②案卷号：根据整理会计档案时会计凭证盒或会计档案盒上的对应项目填写；

③类别：填写该卷会计档案所属的类别，如"会计凭证类""会计账簿类""财务报告类"等；

④题名：题名即案卷题名，主要用于揭示卷内文件的内容；

⑤起止时间：该卷档案启用和终止的年月；

⑥保管期限：案卷的保管期限一般有永久和定期两种。根据整理会计档案时确定的保管期限填写；

⑦张数：指会计凭证总数、账页总数或财务报告的总张数，根据该卷会计档案的具体张数填写；

⑧备注：填写记账凭证起止号或其他需要说明的事项。

实际工作中，各学校也可以在参考上述项目的基础上根据实际需要增减案卷目录中的项目。会计档案的案卷目录应编制一式四份，其中一份由财务部门保管，其他三份案卷目录在一年后连同会计档案一同移交给本单位的档案馆（室）。

三、会计档案的鉴定

高等院校的会计档案鉴定，应当由学校的档案管理部门牵头组织，财务、审计、纪检监察部门共同完成，鉴定工作应当定期开展，对于已经达到规定的保管期限的会计档案，鉴定后应由档案管理部门出具书面的鉴定意见书。会计档案鉴定意见书无固定格式，但至少应包含以下内容：被鉴定会计档案所属年度及保管期限、列入销毁档案的数据和主要内容、鉴定的概况、销毁或延长保管期限档案的主要理由、需要销毁档案的清册。会计档案鉴定意见书是具有永久保存价值的重要资料，应纳入归档范围。

如果经过鉴定，确定仍需继续保存，如事关未了结事项的到期会计档案，应当重新划定保管期限。如果已经确定无保存价值，可以按照规定程序进行销毁处置。

四、会计档案的处置

经过鉴定可以销毁的会计档案，应该按照以下程序和方法进行销毁：

（1）由单位档案管理部门会同财务部门提出销毁意见，编制会计档案销毁清册，列明销毁会计档案的名称、卷号、册数、起止年度和档案编号、应保管期限、已保管期限、销毁时间等内容。

（2）单位负责人、财务及档案管理部门负责人、财务及档案管理部门经办人在会计档案销毁清册上签署意见。

（3）由档案管理部门组织销毁工作，财务部门应派人监销。监销人在销毁会计档案前，应当按照会计档案销毁清册所列内容对准备销毁的档案进行清点核对。销毁后，监销人应当在会计档案销毁清册上签名或盖章，以示确认。

（4）电子会计档案的销毁必须符合国家有关电子档案的规定，由档案管理部门、财务部门和信息管理部门共同派人监销。

立档单位发生变动时，对会计档案进行移交时应该按照如下方法：

（1）单位之间交接会计档案时，交接双方应当办理会计档案交接手续。

（2）移交会计档案的单位，应当编制会计档案移交清册，列明应当移交的会计档案名称、卷号、册数、起止年度、档案编号、应保管期限和已保管期限等内容。

（3）交接会计档案时，交接双方应当按照会计档案移交清册所列内容逐项交接，并由交接双方的单位有关负责人负责监督。交接完毕后，交接双方经办人和监督人应当在会计档案移交清册上签名或盖章。

（4）电子会计档案应当与其元数据一并移交，特殊格式的电子会计档案应当与其读取平台一并移交。档案接受单位应当对保存电子会计档案的载体及其技术环境进行检验，确保所接收电子会计档案准确、完整、可用和安全。

✧ 图例（流程）

一、会计档案移交清单

档案年度

年 月 日 第 页

档案编号	档案名称	册数	卷号	应保管期限	备注

移交部门 接收部门：

移交人： 接收人： 监交人：

二、行政事业单位会计档案分类及保管期限表

年度	形式		保管期限
××年度	财务会计报告	部门财务报告、部门决算	永久
		单位月、季度财务报表	10 年
	会计账簿	日记账、总账、明细账、分户账或登记簿	30 年
		固定资产卡片	固定资产报废清理后保管 5 年
	会计凭证	记账凭证、原始凭证	30 年
	其他	会计档案保管清册、销毁清册、鉴定意见书	永久
		会计档案移交清册	30 年
		银行存款余额调节表、银行对账单	10 年

三、会计档案案卷目录

顺序号	案卷号	类别	题名	起止时间	保管期限	张数	备注

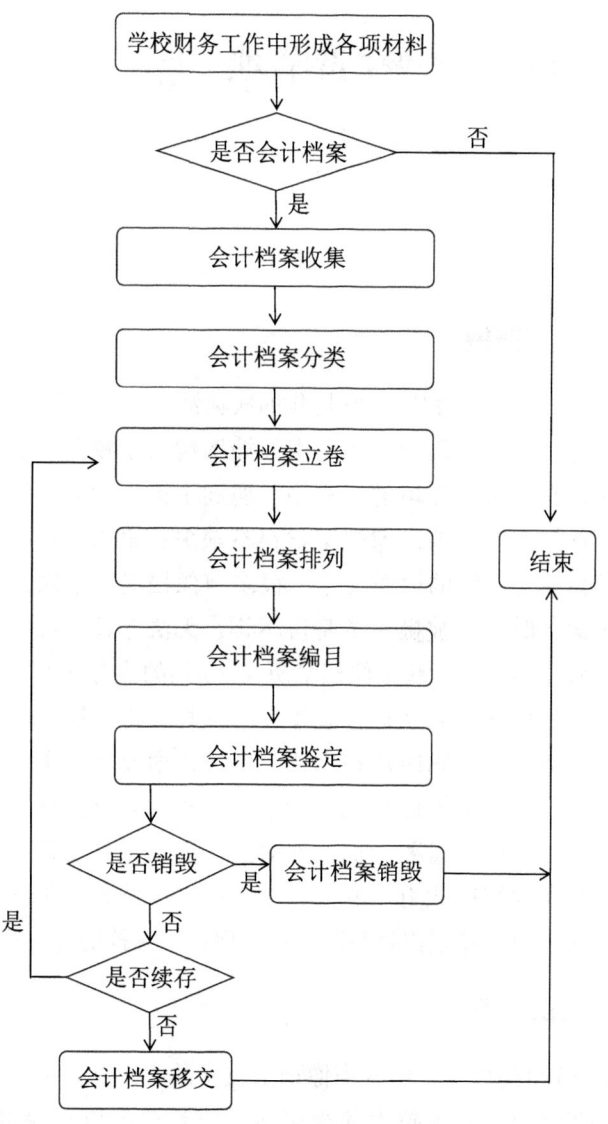

第七章 声像档案管理

✧ 案例链接

某高校将要举办成立 30 周年的庆典活动，需要整理 30 年来学校的建设、发展历史，使用声像档案编辑学校纪念册、宣传视频等。在整理、编辑的过程中，遇到了诸多问题。第一，档案保管部门所保存的声像档案材料有缺失；第二，一些归档的声像档案缺乏详细的说明文字，很多声像档案由于缺乏确凿的文字记载，时间、被摄人员身份不详，无法考证，难以发挥应有的功效；第三，一些声像档案历经 30 年的岁月洗礼，由于保护措施和保护技术未达标，载体发生损坏，再复制和使用的难度很大。第四，数码照片技术普及以来，学校收集了很多数码照片，一些活动拍摄照片的数量过多，档案人员无法鉴别出哪些是此项活动中的重要画面。面对这些问题，学校领导要求增强声像档案的管理能力，下大力气提高声像档案收集和保管工作的水平，对可控因素要坚决严控，保存好学校的过去和现在。

✧ 知识要点

自 19 世纪以来，随着声像记录技术的兴起和不断发展，人们利用光、电、磁等技术使得影像、声音等得以记录和保存。《中华人民共和国档案法》第 2 条明确指出："本法所称的档案，是指过去和现在的国家机构、社会组织以及个人从事政治、军事、经济、科学、技术、文化、宗教等活动直接形成的对国家和社会有保存价值的各种文字、图表、声像等不同形式的历史记录。"时代发展促使声像档案的地位日益凸显，其重要性不言而喻，它们可以更直观地记录历史的真实瞬间与过程，是重要的档案资源，从诞生之日起就带有浓重的技术色彩。

声像档案是国家机构、社会组织，以及个人从事政治、军事、经济、科学、技术、文化、宗教等社会活动中直接形成的以有保存价值的照片、影片、唱片、录音带、录像带等不同材料为载体，以声像为主，并辅以文字说明的历史记录。

声像档案具有广泛的传播性和交流的通用性，与文字相比更容易让人理解和接受。声像档案种类丰富、分类角度多样，常见的传统声像档案包括但不限于照片（包括底片、反转片）、影片（正负片）、唱片、录音带、录像带、缩微胶片、幻灯片等不同材料。随着技术的发展，数码照片以及音视频已经开始普及开来。

◇ 应用方向

声像档案具有客观真实、形象生动的特性，在记录历史、宣传教育中有特殊功效，与文字记载相互佐证、相互补充，带给后人历史真实感。

高校声像档案的管理涉及收集、整理、规范保管等多个环节，相较于纸质档案有更多保管要求。声像档案从传统的纸质、胶片、磁带记录方式发展到现在的数字声像记录，每种记录载体都要有针对性地得到妥善保管。在收集、整理、利用的过程中要根据声像档案的特点进行操作，遵循相关规范。要加强高校声像档案管理工作，避免摄录人员、档案管理人员在移交、接收时的不当操作影响到声像档案的长久保管和有效利用。声像档案管理工作的日常主要环节与文书档案的接收、保管、利用、编研、统计等各环节相类似，但技术性更强，对保管环境、技术手段、设备支持有着更严格的要求，要严格规范声像档案的接收、保管和维护等环节。

◇ **实践指导**

一、声像档案的归档要求

（一）建立完善的声像档案收集归档制度

1. 明确归档范围

在学校招生、教学、科研、党政、外事工作及其他重大活动等公务活动中直接形成的有保存价值的以声音、影像、照片等方式记录信息的特殊载体（包括照片、录音带、录像带、磁盘、影音胶片、缩微胶片、光盘、硬盘等），并辅以文字说明的历史记录，均属声像档案。声像档案与纸质载体档案同为学校档案的重要组成部分。各部门或个人在重大公务活动中要注意拍摄、录制具有保存价值的声像档案并及时向档案部门移交。对于反映本单位、本部门主要职能活动和工作成果的声像资料要纳入归档范围。声像档案应实行集中统一管理，确保其完整、系统和安全。

2. 收集

收集工作重在平时，要常抓不懈，做好宣传教育。收集时要遵守《照片档案管理规范》（GB/T11821-2002）、《磁性载体档案管理与保护技术规范》（DA/T15-1995）等规范、制度的专业要求，根据本校的归档范围，对属于收集于归档范围的声像材料，按照学校规定，采取定期归档与随时归档相结合的方式向档案馆（室）归档，集中管理，任何单位（部门）或个人不得据为己有；由摄影者、录制者或重大活动的承办单位（部门）来按照档案部门的要求进行规范整理后与文字说明等一并进行移交。收集时要进行鉴定，收集归档的声像材料必须各要素齐全，配有说明文字。

（二）声像档案的整理要求

1. 鉴定筛选

对于收集到的声像档案要进行认真的检查、鉴定。

（1）确保声像档案的真实、原始性。归档的声像档案，应该是原始文件。例如，数码照片的内容和 EXIF 信息不能进行修改和处理。随着声像技术的不断发展以及技术的普及，声像档案真实性是收集进馆时必须把好的重要关卡，对真伪存疑的声像材料要进行专门鉴定。对归档的电子文件应参照《电子文件归档与管理规范》（GB/T18894-2002）进行真实、完整、可用和安全方面的鉴定、检测。

（2）优化筛选。摄影者有时连拍或反复拍摄，对于反映同一事件的若干照片应根据照片与主题的贴合度、拍摄效果等进行综合考量，尽量选择主题鲜明、画面构图合理、影像清晰的照片，通常反映同一场景的照片归档不超过 3 张。

（3）各要素完整，提高档案价值。收集时首先要鉴定声音是否清楚、影像是否清晰，要尽量确保底片、照片、文字说明或原始素材、编辑成品、编辑说明等一系列要素齐全完整，在未来进行利用时才能用得明白、用得放心。

（4）声像档案也要遵守保管期限的管理规定，保管期限一般划分为永久和定期两种，其中定期分为 30 年和 10 年。不同保管期限的声像档案要分开保存，方便定期备份和到期销毁的进行。

2. 整理

底片、照片、视频等不同载体的声像档案要依载体的不同分别整理、保管。在整理时通常按照反映的内容或专题结合年代进行分类，常见的载体-年度-问题分类法可将全宗内的声像材料首先按照载体分类后，再在年度内依照所记录的内容不同而进行分类。另一种是内容/专题-年度分类法，根据立档单位的具体职能活动特点设定专题，在专题下按时间进行排序，如年会纪念活动声像档案可设为单独一类，然后按照年度进行排序、编号。声像材料在分类体系中要根据密级、重要程度、归档时间等逐一编号，先排组后排张，进行精细管理。

3. 编写说明

每一份已入档的声像档案必须有文字说明，说明的内容包括载体、题名、编号、拍摄时间、拍摄者、拍摄参数、相关档案的参见号以及文字说明。题名要能简要概括、反映声像档案基本内容、事由、人物、地点、时间等要素。编号为此份档案的唯一检索码。文字说明述清声像档案各要素的情况，对题名未反映出的内容作出补充，如视、音频文件是否使用了相关的制作软件，文字说明可以一件一作，也可一组一作。拍摄参数记录拍摄的设备以及相应的参数，如照片为数码拍摄，拍摄像素 1000 万；视频档案的尺寸和像素密不可分，要标清制式（PAL 或 NTSC）和分辨率，这对入库后要进行的利用、编辑、播出、存储、交换具有重要意义。文字说明要综合运用事由、人物、时间、地点、背景、摄影者等要素，反映声像档案的全部信息，对题名未展示出的内容作出补充，如果版权不属于本校，要特别注明。

4. 选择适当载体进行保存及备份

根据磁介质、胶片材料的特性，档案管理人员要根据不同载体的要求定期进行检查和备份，以求长久保存。对于所保管的影音档案还要考虑不同介质之间的转换和备份，如影片的胶转磁、数码照片转换为缩微胶片等。

二、保管和利用

(一) 胶片档案的保管

声像档案中有很大一类是胶片档案，因感光材料的性能、用途等相异可以分为多种类型，如按感光物质可分为银盐胶片与非银盐胶片，按记录密度可分为普通胶片和缩微胶片，按片基可分为胶片、相纸等。胶片档案如果不能得到恰当的保管或利用时出现不当操作会使胶片档案发生老化等损害。尤其要防止片基材料变形、硬化、污损或发生折损、龟裂，要防止胶片材料变形出现粘连，要定期检查影像是否被污损，是否泛黄、模糊等，要防止出现粘连、霉变甚至影像层脱落的现象。

胶片档案的包装材料一般不选用会释放出有机酸的木头制品，可以根据国际标准 ISO5466-1986（E）的建议，选用毛糙无光的中性或碱性施胶纸，与胶片直接接触的应选碱性纸，与彩色或重氮胶片接触的应选用中性纸，碱性残留物不少于 2%。如使用塑料材料最好是聚酯，因其化学稳定性和透明度良好，是胶片照片理想的包装材料。也可以使用不锈钢或经过镀膜、搪瓷化的金属材料。片式胶片存放时可先纳于封套中后放入金属柜内；卷式胶片应绕在盘芯上纳于盘片中，片盒与片盒呈水平摆放。胶片保管时要注意防光、防止挤压，不同类型的胶片要分开放置。《照片档案管理规范》（GB/T11821-2002）中规定了照片档案保管的温湿度标准，其中中期贮存（不少于 10 年）的底片、照片最高温度为 25℃、相对湿度为 20%—50%。

使用这些原始胶片档案时一定要注意库内外的温湿度差，进、出库时，应先对柜内温度和含水量进行调节，调节后才能再行利用。要对库房进行洗尘、过滤、净化工作，库房中的有害气体和灰尘对胶片档案也会产生伤害，二氧化硫、硫化氢的破坏力不容小觑，灰尘颗粒也会引起影像褪色及胶片划伤。

入库前就要对胶片的状况进行严格检查，看是否有指纹、油污，是否发霉、受潮或有其他缺陷。入库后要定期进行抽样检查及全面检查，胶片本身就有自然老化过程，要严格执行检查制度，发现问题并及时进行调整或修复。随着科技的进步可以使用胶片翻拍或数码技术对胶片档案进行复制，利用复制件以减少对原件的使用，做好的数码复制件也可以再进行缩微转换，将档案记录在缩微胶片上可以实现异质保护与同质保护的结合。

（二）磁带、磁盘档案的保管

磁性材料是通过将声音、图像等转换成电信号，借由选择性磁化的发生，以磁迹保存信息的材料。磁性材料由底基材料（塑料、玻璃、铝合金）、磁介质、黏合剂和助剂组成，磁记录的过程就是电能与磁能相互转化的过程。利用铁磁性质来记录信息的磁性材料，通常有录音带、录像带、计算机磁带、移动存储盘、光盘、磁卡等。

要选择性能优良的载体材料、配备相应的录放设备并正确操作才能保证磁带、磁盘档案得到妥善保管。否则，在不当的保管和利用中有可能发生底基材料变形、脆化、粘连等现象，导致信号衰减、音像失真、丢失等问题。保管的关键是防止记录层保持原有电磁转换性能完整性的能力受到影响、防止外界环境对磁性材料稳定性的不利影响。

磁带利用时不能有可划伤磁带的颗粒或尖角，及时检查、清理磁带、磁头可能附着的污物，减少对原始母带、母盘的利用，对带基老化、变形、粘连等问题要及时修复、复制。根据国家档案局发布的《磁性载体档案的管理与保护规范》（DA/T15-1995），要力争在恒温恒湿环境下对磁性载体进行保管，保持18℃的温度和40%的湿度。若限于条件限制，也要尽量将温湿度控制在一个相对稳定的可控范围内，即温度在 15℃—27℃、相对湿度在 40%—60%之间，做好防磁、防尘、防光、防火的工作，进行定期检查，发现问题及时处理。磁带要定期重新卷绕，以释放其中的压力，减少变形、粘连和复印效应。对需要翻录的磁带、磁盘等选择有保证的设备并尽量与新技术接轨，以保持信息在设备进化更新中能长久保存。

◇ 操作方法

一、声像档案的分类整理及编目

（一）声像档案的分类归档

1. 根据声像档案的载体特点和形成规律分类。分类后，对具有相关性的声像档案要进行立卷，组成保管单位。对同一载体多项内容的档案，采用按主题内容逐一著录的方式；对同一内容、多载体并存的档案，需注明参见号。鉴定时要注意不同保管期限的声像档案分开立卷、保管。同样的载体要注意规格，如录音带和录像带有盘式和盒式两种，常见的盒式录音带分为 60 分钟、90 分钟、120 分钟三种，按制成材料又分为氧化铁磁带、铁铬磁带、金属磁带等。录像带的宽度有 1/4 英寸、1/2 英寸、3/4 英寸、1 英寸、2 英寸等。数字声像档案的格式也是一大需要关注的问题。根据《数码照片归档与管理规范》（DA/T50-2014）中的规定，归档的数码照片应为 JPEG、TIFF 或 RAW 格式；根据中华人民共和国国家标准《电子文件归档与管理规范》（GB/T18894-2002）的规定，视频和多媒体电子文件以 MPEG、AVI 为通用格式。音频电子文件以 WAV、MP3 为通用格式。收集时尽量统一标准，对用视频或多媒体设备获得的文件以及用超媒体链接技术制作的文件，应同时收集其非通用格式的压缩算法和相关软件；对用音频设备获得的声音文件，应同时收集其属性标识、参数和非通用格式的相关软件。

2. 明确声像档案归档范围。声像档案归档范围的确立要依据中华人民共和国教育部、国家档案局制定的《高等学校档案管理办法》，结合本校各部门的主要职能和业务情况进行设计，与文书档案等要能相互呼应。通常声像档案的分类归档范围有：上级领导调研、指导工作类声像记录；本校历任校院领导、知名教授、知名校友等的声像记录；学校召开各类重要会议，如党代会、教代会、学代会、团代会、校庆活动、表彰大会、毕业典礼、运动会、文艺会演、大型宣传教育等活动的声像记录；学校在招生、教学、思想政治、科研、学生管理等工作中开展业务活动以及主办、承办各种重要会议以及各项活动的声像记录；党务工作活动记录；外事活动声像记录，包括各类国外团组来访、外籍人员来校交流、国际合作开展以及本校领导、专家在国外开展相关业务工作的声像记录；学校各类展览、陈列的声像记录；民主党派、学生社团、校友会活动等的声像记录；学校不同时期变化、发展的校景和基本建设声像记录；师生获奖的奖状、奖品、证章、证书的照片。

3. 明确声像档案的归档职责分工。学校各单位（部门）有责任对其工作活动中的重大事项进行摄录，并负责规范整理、向档案馆（室）进行移交，凡声像档案材料形成部门均应为立档单位。由于声像档案必须编制相关说明，拍摄者或制作单位必须负责声像档案说明的编写以及分组立卷等工作，各单位（部门）的档案员要协助有关人员做好声像记录的平时积累，督促摄录人员及时编写声像档案说明文字。根据学校的接收要求，在每年度或每项工作完成后及时将声像记录整理成齐全、完整的声像档案进行归档。

（二）声像档案文字说明的撰写

声像档案的文字说明要准确、规范、简洁、明了，一般不超过 200 字。可以逐件编写也可按系列分组编写。声音档案说明要标明所录声音的主要内容、声音来源、讲话人身份、录音时长、录制时间、载体规格型号以及录制、播放设备型号等；影像档案说明要写清拍摄的主要内容、主要人物、录制时间、影像时长、载体规格型号以及录制、播放设备型号等；照片档案说明一般以张为单位进行编写，同一活动的一组照片可编制较为详细的总说明，再对每张加以简要的分说明。

（三）声像档案的编号

1. 归档材料的整理

档案部门要根据归档范围检查归档材料是否完整、配套，声音、画面是否清晰，是否有局部划伤、断裂等，如有损伤，要及时修补，粘连、生霉、受潮的要及时采取冲淡、风干等措施，或送到专业修复机构进行修复。对于符合保管要求的档案，要切实依照形成规律，结合内容、价值、数量等因素进行系统整理，组成保管单位。

2. 建立编号体系

要根据高校声像档案的收集特点确立分类方法，建立编号体系，确定著录要求。记录同一事件的声像档案的档号要与文件材料的档号互相照应，互标参见号。声像档案档号的编制首先要明确分类原则，例如按照部门分类还是按照事由进行分类。

以部门分类为例，声像档案档号可以由年度号+机构代码+声像档案载体代码+保管单位号构成。在年度之下，用学校统一给定校内各院系、各行政部门的机构代码作为区分，辅以载体代码，按照实体分类法进行编号。保管单位是声像档案最低限度的数量词，可为卷、册、盒、盘，保管单位内如有具体张、件等可在保管单位内目录上对各张、件以 001 开始用流水号排序，赋予本保管单位内的张、件以固定位置编号。分类方案应保持稳定，不要随意变动，实体档案依据此排序，数字存储的存储结构、载体编序也要依次建立层级。

声像档案载体代码可以参照《高等学校档案实体分类法》（DA/T10-1994）的相关规定，"SX 声像"下设八类档案载体，分别是照片、录音带、录像带、幻灯片、磁盘、影视胶片、缩微胶片、光盘。

如图所示，某部门2018年照片类声像档案第1册的编号如下：

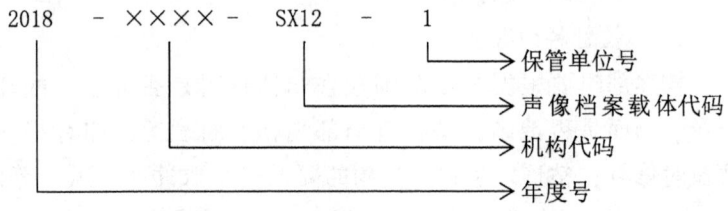

二、声像档案的保管

（一）声像档案库房温湿度控制

一般来说，档案库房温度在30℃以上则属于高温，高温加速各种有害化学物质、有害生物因子对档案载体的破坏作用，加快声像档案影像分解，对声像档案耐久性产生影响。低温有利于档案的保管。但并非温度越低越好，温度不得低于载体材料中的水结冰时的温度。一般相对湿度高于70%的湿度环境称为高湿，高湿环境有利于有害生物的生长繁殖，会加快各种有害气体及化学杂质对档案的破坏，同时使档案材料含水量过高；通常把低于50%的湿度环境称为低湿，低湿环境下档案载体材料中所含的水分向外蒸发，不能维持其正常的含水量，使档案制成材料变脆、变硬，强度降低。

声像档案库房温湿度控制，首先是库房建设时避免安排在顶层和西北面，要避免雨水、积水从外墙渗入到库内，一般不宜在地下建造，库房四周要有一定坡度的防水坡和排水沟，以免积水侵蚀墙体；门窗和档案箱柜要有良好的密封性，注意密闭防潮防热、采取调温调湿技术，配备如空调机、恒湿机等专门设备对温湿度进行监控及调控，以免因温湿度不适宜保管条件而发生潮湿、粘连、老化、褪色、霉变等现象，影响声像档案的利用和长久保存。对于监测的温湿度数据要进行记录，采取相应的措施进行应对，并总结规律根据四季变化情况制定相应的管理方案，昼夜温度变化应该控制在±3℃的范围内，昼夜湿度变化应控制在±5%的范围内。若库房与外界温湿度差异较大，应设置缓冲间，减少声像档案面临的温湿差侵扰。

（二）声像档案库房要做好防磁工作

声像档案保管过程中，防磁是十分重要的。磁场会对磁介质产生消磁作用，导致磁记录的信号失真甚至剩磁消失，破坏声像记录效果。重要的磁介质声像档案建议采取防磁措施，或使用专业防磁柜进行保管，并配备测磁设备，以便发现隐蔽磁场。避免在磁介质档案周围放置电源装置、放大器、电视机、扬声器等，避开30奥斯特以上的磁场。

（三）声像档案库房、利用室要做好防火工作

声像档案库房防火设施不能对胶片、磁带、光盘等档案载体有腐蚀性；不能增加易吸潮档案载体的含水量；不能对档案载体的物理、化学性能产生影响。建议使用气体灭火装置，总体设计要符合《中国建筑灭火器配置设计规范》（GB50140-2010），灭火装置要定期检查、更换，烟感设备要定期检查、清洗。安装防火门窗，柜、架等大型存储装具宜采用不可燃、耐腐蚀的材料。库房内、利用室不要堆放杂物，减少易燃物，杜绝火源进入库房。

（四）声像档案库房要防尘、防有害气体及有害生物

危害档案有害生物主要有微生物、昆虫、啮齿动物。危害

档案的微生物主要是以档案制成材料为营养的细菌、放线菌和霉菌。库房要保持整齐、清洁，要有严格的管理制度，定期打扫，防止灰尘侵扰。档案入库前要根据档案情况进行除尘等处理，防止受到污染的声像档案对其他档案产生影响。利用时要佩戴手套进行操作，避免手印、汗液对档案的侵蚀。有条件的高校可以配备风淋、除尘系统等，使用洗涤或吸收等空气净化装置，祛除空气中的 SO_2、H_2S、CO、CO_2、NO_2、Cl_2 及碳氢化合物等以及大颗粒杂质，延长声像档案寿命。声像档案中有些档案自身就会释放有害气体，要与其他档案分开放置，如硝酸片基胶片应单独保存，不应与其他胶片同存，要避免与其他胶片在同一通风保管单元内存放。胶片中含有的明胶，其主要成分为蛋白质，能成为档案有害微生物的营养物质。明胶中还含有水分，有利于有害微生物生长、繁殖，当有害微生物分解明胶中的蛋白质，使明胶发生液化时，影像就会模糊甚至引发粘连，造成乳剂膜脱落，可能导致影像损坏、难以还原。档案库房要注意消毒、清洁，控制库房温湿度，也可采用安全长效的防霉防虫剂，严防虫、鼠侵扰，控制有害菌滋生。

（五）声像档案要避免紫外线照射

紫外线会对声像档案产生一定的破坏，可造成声像档案老化、褪色。库房要避免阳光直射，选用白炽灯作光源，有窗户的要配备防光窗帘，控制库房的光照度，在声像档案利用室也要注意避免紫外线过度照射。

（六）做好声像档案的定期复制、卷绕

定期对声像档案进行检查。每 3 个月要对照片档案进行一次检查，每半年要对磁介质档案检查一次，对发生变形、断裂、发霉、磁粉脱落等现象的档案要及时进行修复、复制，采取补救措施。对于存储在磁性载体上的声像档案每满 2 年、光盘每满 4 年进行一次抽样机读检验，抽检率不低于 10%。每 4 年转存一次，原载体同时保留时间不少于 4 年。磁带等 6—12 个月转绕一次，以防止粘连、缓解压力，卷绕时不可快进、快倒。应选择耐久性好的载体材料，如硬磁盘、磁带和一次性光盘作为长期保存的存储载体。声像档案应存储为一式三套，一套封存保管，一套提供查阅利用，一套异地保管。有条件的高校还可以在线存储和离线存储相结合，开展好保管工作。除了对声像档案进行同载体间的备份外，还可以开展异质备份。例如数字存档机可以将数字图像记录到缩微胶片上，使用采集设备、非线性编辑设备可以实现不同格式的视、音频间的转换。

（七）声像档案装具要求

不同载体的声像档案不要紧贴放入同一装具。例如，底片和照片不应放入同一纸袋内，避免受潮粘连。保管底片、照片、光盘等可以采用活页本装法，向正规厂家购买无酸纸等制成的照片册、底片册、光盘册等，芯页之间以中性纸为间隔，在芯页上标明编号和填写说明，在封面、封底上附号标签，写明所存声像档案的档号、题名、立卷人员、保管期限等相关信息。对于常规装具放不下的照片等档案，可以放入专用的档案盒、袋，标清档号，单独存放。所有装具要保证一定的硬度和支撑性，以防变形。

◇ 图例（流程）

一、照片管理目录系列

照片档案案卷目录格式

归档号	标题	起止日期	照片张数	页数	保管期限	备注

照片档案册内目录格式

照片号	题名	时间	页号	底片号	备注

照片档案登记

照片档号	
组内编号	
照片题名	
摄 影 者	
拍摄时间	
拍摄地点	
底片情况	□有　□无　底片归档号/编号：
文字说明	
参 见 号	
备　　注	

二、影音类档案管理目录系列

影音档案案卷目录

序号	归档号	题名	责任者	形成日期	保管期限	长度	备注

数字声音档案登记

归档号	
题　名	
说　明	
录制时间	
录制者	
载体类型	
时长	

格式	音频数据码率	
	音频编码格式	
	音频文件格式	

音频采样频率	□32KHz　□44.1KHz　□48KHz　□96KHz　□192KHz
音频位深度	□8bit　□16bit　□24bit　□其他_____
档案获取方式	□自录（制）□联合制作□受赠□其他_____
备注	

数字视频档案登记

归档号	
题　名	
说　明	
摄制时间	
摄制者	
载体类型	

续表

时长	
格式	画面宽高比：□16∶9 □4∶3
	制式：□PAL □NTSC □SECAM
	视频编码格式：□MPEG2 □MPEG4 □M-JPEG □DV □其他_____
档案获取方式	□自拍（制）□联合制作□受赠□其他_____
备注	

三、温湿度要求

JGJ25-86《档案馆建筑设计规范》中特殊档案库的温湿度要求
（城乡建设环境保护部、国家档案局颁布）

表 5.2.2 特殊档案库的温湿度要求

用房名称		温度（℃）	相对湿度（%）
特藏库		14—20	45—55
音像磁带库		14—24	40—60
胶片库	拷贝片	14—24	40—60
	母片	13—15	35—45

第八章 实物档案管理

✧ 案例链接

某学院在 2008 年发行纪念该学院成立 30 周年的纪念币一套，该套纪念币共 4 枚。这套纪念币是当年收存实物档案的第 7 件（套）。请问当中的第 2 枚，归档号是什么样的？

✧ 知识要点

一、实物档案的定义

实物档案是指过去和现在的国家机构、社会组织的个人，在社会活动中直接形成的、以物质实体为载体的历史记录，是能够反映该单位职能活动（或某人自己的重大活动）和历史真实面貌的具有保存价值的特定有形物品，是一个单位档案全宗的重要组成部分。实物档案区别于纸质档案的主要特征是种类多样、载体广泛和形象直观；实物档案能直接反映该单位（或某人）的发展历程和各方面工作所取得的业绩，具有较高的查考利用价值，还具有良好的宣传教育功能，是文书档案的重要补充。

二、实物档案的特点

（一）具有档案的本质属性——原始记录性

档案的原始性是指档案内容的原生性和固定之的物理载体的原始性以及档案形成过程的直接性。档案的记录性是指档案用记事符号（原始的记号、文字、声音、图像、数字等）将人类社会活动的原始性数据、信息、知识固定在一定的物理载体上。例如，高等院校产生和接收的实物是学校在自身的职能活动中直接形成的，从内容来说，它们原始地记录了形成者从事教学、科研、管理、社会服务、外事交往等活动的客观过程；从形式上看，它是形成者当时、当事使用的原始物品的直接转化物，原样地保留了本来的面貌，可以成为后人查考的确凿可靠的原始凭证。它们承载的丰富的知识信息，记录了一定历史时期该高校的办学水平和社会声誉，形象直观地反映了学校的发展和变迁。

（二）形态各异（或者称"三维立体性"）、载体丰富多样

与我们在日常工作中习以为常的，外形和材质都相对规则、单调的纸质文书档案或光盘（包括胶片磁带等）档案相比，实物档案具有明显的"三维立体性"——长的、圆的、扁的、方的，而且载体（材质）非常广泛——纸张、木材、布匹、丝绸、金属、塑料、玻璃、水晶、石膏、陶瓷等。比如高校的实物档案，可以是上级颁发的铜牌，各类比赛中获得的锦旗、奖杯、证书等，各级单位停用的印章，对外交往中受赠的礼品，教学、科研中产生的作品（如雕塑、绘画、小型样机、样品）等。

回望古今中外档案的发展历史，最初的档案实际就是三维物品。我国早期形成的大量档案就是以甲骨、金石、竹简、木牍、缣帛等为载体的，在国外有泥板档案、石刻档案、羊皮档案、蜡板档案等。只是到了纸张问世并被大量使用以后，实物档案才退居次要位置。

（三）生动直观

由于实物档案具有形状、颜色、质感等性能，便于人们直接感受和理解，往往能给人以比文字强烈的视觉冲击力，从而激起人们的丰富情感和广泛的联想，给人以更深刻的印象。比如有人去参观了西安火柴厂的实物档案室，那里展陈了该厂从20世纪30年代至90年代积累的大量火柴盒实物档案。这些火花档案非常直观地反映了该厂的包装技术和工艺水平的发展过程，也反映了当地一定社会阶段的文化意识和审美情趣，别开生面，令人记忆深刻。

（四）信息性、客观性、确定性

实物档案是一种信息载体。从其身上包含的信息来看，可以分为两种：一种是人类实践活动中取得的有价值的自然物，如地质岩心档案、昆虫标本档案等，它其实是一种样本，传递了同类事物的有关信息，以及人类认识自然和改造自然的信息。而且，这些信息都是完全客观、确定的。比如岩心档案，反映的是一种地质状况的客观实际，没有丝毫的人为主观成分。也没有仪器设备带来的测量误差。

还有一种是人们从事实践活动所创造的实物成果，比如火柴厂存留的火花档案、艺术家创作出的雕塑、工厂或高校或科研单位研制出的小型样机、服装设计师设计出的服装、学校在各个时期使用的印章等，它们都体现了创造者当时的技术水平和成就，反映了人类创造性活动和成果，具有无可辩驳的确定性和凭证作用，很难被人为地增删、篡改。

（五）曾经具有直接使用的实用性

比如注明使用人情况、时间和用途的各类票证，馆藏的近代银行档案全宗中的货币样张、金属货币，各个单位已经停用的公章，等等。

（六）全宗性

全宗性是指实物档案与有关文书档案和声像档案具有同一来源。比如上海市档案馆收藏的工部局旗帜，就是其馆藏旧上海公共租界工部局档案全宗的一个组成部分。再比如内蒙古赤峰学院档案馆所藏的当地早年各盟旗的旗帜、当地在近代革命历史中使用过的旗帜，都属于该馆档案全宗的一个重要组成部分，还曾在多次档案展览中亮相。

（七）弱点

实物档案的弱点之一是往往因其体态所限而不便于交流。它可以世代相传或转让，但基本是单线的延伸，而不能像文献资料那样可以摆脱时空限制实现多方位传播。当然，也有变通的办法，就是可以拍成照片，以照片的电子版的形式进行传播。

实物档案的弱点之二是往往不能记载一个事件的全部信息，即作为档案，它往往不能单独存在，只能与其他相关文件材料相互补充，往往需要配有一定的说明或解说词，共同记录一个事件的发生与存在。鉴于实物档案存在的上述弱点，它在档案家族中不能处于主导地位，它是档案记载的特殊表现形式和必要补充，是其他档案的延伸和补充。

因为实物档案的形态和材质的多样性，使得实物档案的整理、分类的难度（相比于纸质的文书档案来讲）增大，保管、开发的任务加重，从而使实物档案的整理与其他门类档案的整理产生脱节。

（八）实物档案的产生、形成规律具有一定程度的偶然性和外来性

实物档案作为特殊载体的一种档案门类，其形成过程具有

区别于其他门类档案的特殊性。比如，实物档案中的荣誉类实物档案，其形成具有明显的偶然性和外来性。荣誉类实物档案的形成完全以外来的材料作为收集工作的全部，有别于其他门类档案在形成过程中"以自我为中心"——将本部门、本单位产生的独一无二的文件材料作为收集工作的中心的基本原则。

还有，获得、产生荣誉类实物档案的部门，往往不会主动移交实物档案。有些单位把取得的奖牌、奖杯等实物放置在橱窗里展出后就置之不理，没有专人负责交到档案部门，结果造成实物档案收集不及时甚至遗失。

尽管实物档案形态各异，具有上述特性甚至是弱点，但毫无疑问，它对维护国家档案全宗的完整性具有重要的作用，已经被人们广泛认同。比如，取得的证书、奖状、锦旗等，是立档单位各项工作取得良好成绩的历史记录；被替换下来的印章是该单位名称变更、职责变化的记录；领导人的题字、题词更是有关领导对立档单位相关工作进行肯定的历史记录。实物档案作为高校档案全宗的重要组成部分，具有保存和利用价值。在建设一个与高等教育事业发展相适应、符合档案本身发展规律的门类齐全、结构合理、管理科学、服务高效的高校档案体系过程中，不能忽视实物档案建设。

三、实物档案的价值

（1）实物档案是档案不可分割的组成部分和特殊表现形式。它首先具有档案本身的价值，此处不再多言。

（2）艺术审美价值。实物档案的艺术审美价值是在其形成过程中被人们主观赋予的。比如一个奖杯、一面锦旗、一枚印章，人们总要把它们做得美观一些。既要考虑使用上的方便，也要兼顾一定的艺术审美的需要，使其具有观赏性。

（3）感性认知价值。实物档案往往还通过外观形状来表达一定的主题，使人一看就能初步感知某人或某团体具有某种资格、实力或参加过某项活动并获得某种荣誉，直观、生动，更容易给人留下深刻印象。

（4）抽象印证价值。在实物档案家族中，印章有着独特的抽象印证作用。它是一个机构的地位、职能、权限等方面的象征。人们发明了印章并约定俗成地使之成为机构或个人行使职能、办理事务的鉴证、凭据。它证明着这个机构的存在形式（职能、地位、权限等），是该机构的原始记录。

四、实物档案的分类

（一）实物档案的分类

分类是实物档案整理的重要环节。在行业内，一般是将实物按其属性内容、形式特征、制作材料、获得时间、保存价值等划分类别和层次，便于系统地提供利用。具体可以采取问题、年度、保管期限等分类方法，以实现对实物的有序管理和有效检索。

1. 按问题分类

按问题分类就是将实物按其属性内容和形式特征进行分类，以便于专题查找和利用。实物档案问题分类一般分为奖品类、信品类、赠品类、产品类四大类。每类的主要内容如下：

（1）奖品类主要有以本单位内部机构名义在各项比赛、评比、检查、考核等工作中获得的奖状、锦旗、奖章、奖牌、奖杯、荣誉证书等实物。

（2）信品类主要有本单位的证件（法人证书、组织机构编码、营业执照、国有土地使用权证、房屋所有权证等），本单位机构变更、撤销或合并而失效的印章、证书、牌匾等实物。

（3）赠品类主要有上级领导及知名人士为本单位的题字、作画，本单位开展的活动中有纪念意义的物品，本单位对外交往中收受的礼品等。

（4）产品类主要有本单位在行使职能活动时形成、制作或收存的模型样品、中试产品、终端成品等实物，如徽标（章）、钱币、票证、邮票、纪念币、工装、设备等。

2. 按年度分类

按年度分类就是将实物按其获得年度进行分类，这样可以反映出一个单位每年工作的特点和逐年发展变化的情况，并且同现行机关年度整理归档文件制度相吻合。

3. 按保管期限分类

按保管期限分类就是将实物按不同的保管期限进行分类，这样可以将不同价值的实物区分开来，为以后的保管保护、移交进馆和到期鉴定提供方便。实物档案的保管期限一般分为永久和定期两个类别，实物若是省部级（含）以上单位制发的，保管期限为永久，其余的为定期。

这里需要指出的是，按年度分类或按保管期限分类，在电脑检索时比较容易找到。但在工作实际当中，将会占用更多的空间。因为同类材质的实物，会根据内容、事由或保管期限不同而被分别存放，从而导致占用更多的空间。

由于档案馆馆舍有限（往往文书档案的存储空间都很紧张），期望馆内专门给出实物档案按年度或保管期限分类的存储空间，实际很难做到。在现实中往往需要根据具体条件，有所变通。

五、实物档案的范围

参考同行的实践总结，实物档案范围大致如下：

①本单位获得国家、省（自治区、直辖市）、部（委）及

上级机关授予的奖旗、奖章、奖状、奖牌（牌匾）、证书等具有保存、收藏价值的物品；

②国家、省、部级领导为本单位题的词；

③内部发行的有保存、收藏价值的纪念邮票、纪念邮折等，单位庆典活动制发的纪念品、纪念册等；

④反映本单位历史发展各个时期进程的物品。如代表中国铁路发展不同时期的机车、制服、机车车徽、车票等，从事汽车生产的单位不同时期的汽车模型等；

⑤单位名称变更或机构撤销停用的名牌、印章等；

⑥单位各种活动中，各级领导、有关人士和书画家赠送的书、画、礼品和纪念品等。

⑦其他有查考利用价值的实物。

具体到高校实物档案的收集范围，除了"奖"字号的收藏品外，在高校公务活动中领导和名人的题词手迹、受赠的书画原稿，在国际、校际等友好交往中的礼品，校园建设的总体规划的立体沙盘、标志性的建筑物模型，校内学者的论著、典籍、重大科研项目和技术成果的实物，历次校庆或其他重大纪念活动的徽章、纪念品，有名望的校友赠品或遗物等，都是学校发展史的见证和"化石"，都具有十分珍贵的收藏价值。

✧ 应用方向

实物档案具有直观性和凭证作用。它的应用方向基本都是围绕着这两个特质而展开，人们围绕着这两个特质，多形式、多渠道、多层次、多方位地开展利用工作。

一、宣传教育

（一）对内宣传教育

由于实物档案具有直观性、可视性强的特点，立档单位

（特别是大中专院校）往往以实物档案为依托，建立青少年德育教育基地，利用实物档案进行爱国、爱校、爱本单位教育。大量使用实物档案举办展览，这种既有史实、又有实物的宣传教育，比口头或文字说教直观、易理解，具有较强说服力。这类举动，充分发挥了实物档案的宣传教育功能，增加了办展单位整个系统内的凝聚力、向心力，为社会主义精神文明建设做出了贡献。有一些企业利用积累的实物档案，建立厂史展览室，职工参观后受到很大的教育和鼓舞，增强了自豪感和责任感。还有不少高校、科研院所等企事业单位，利用本单位重大教学、科研项目和技术成果的实物举行不定期的展览，使广大师生员工对学校不同年度的教学、科研水平有一个全面深刻的了解，开阔视野、鼓舞士气、启发创造力。

在上述活动中，各档案馆（室）通过提供实物档案作为展品等形式，积极配合本单位的各项重大活动，为专门展览提供有效服务，是档案馆创新服务机制的重要体现。

（二）对外宣传、推销

比如某个企业把自己在不同时期生产的某类产品的实物档案加以展陈，不仅使参观者对工厂生产的历史过程、发展水平和工艺技术一目了然，还因形式独特让人有耳目一新之感，从而对外树立了立档单位的良好形象，也实际提高了立档单位的知名度。

同时，这些展陈的实物档案，还作为直观的信息报道形式，客观上参与了该企业的产品推销。

二、查证的依据

如前所述，实物档案也是一种信息载体，比如地质岩心样本、企业产品的样机，它们或者呈现着人类发现自然的最原始信息，或者表现了创造者的技术水平和成就，或者在瞬间忠实记载了当时发生的具体事件的最原始状态，直观性强，具有无可辩驳的凭证作用，从而成为各方面利用者的查证依据。比如，有的企事业单位就把单位获得的一些实物档案的照片传到网上，并设置权限与密码，使专业管理人员可以直接在网上查询实物档案的全息内容。

总之，这些实物档案以其独特的形式存在于档案家族中，发挥着独特的作用，还与纸质材料和其他载体形态的档案相辅相成，共同发挥着查证、研究和历史记录的作用。

三、提供撰写素材和编研的原始资料

近20年来，随着"实物档案"这一概念逐渐被业界广泛接受，实物档案的价值越来越得到重视。由于实物档案内容丰富、来源广泛、涉及面大、特殊性强，能够反映所呈现单位（比如高校、企业）发展和变迁的真实历史面貌，所以，在相关单位撰写大事记、年鉴、单位历史等编研资料时，实物档案往往能够提供丰富的素材。

四、凭证作用的多方面应用

（1）单位宣传广告。比如制作单位网页、举办展览等需要拍摄或借阅实物档案的荣誉照片，本单位的获奖证书、有关内容及获奖时间。

（2）单位资质申报、年检、上报材料等需要提供荣誉证书、法人证书等。比如某铁路局在近期举行的中国物流与采购联合会 A 级物流企业评估中，档案馆提供了铁路局近 30 年来获得的经营状况、资产、设备设施、管理及财务、人员素质和信息化水平 6 个方面的国家级奖牌、奖状等实物档案照片，该铁路局

顺利通过了国家 5A 级物流企业评估。这对铁路局享受政府政策支持、实施品牌战略以及对外投标和承揽物流外包、提高市场竞争力具有重大意义。

（3）个人评聘职称，需要查阅自己以往的获奖项目、复印证书。

（4）单位参加投标需要借阅获奖证书来展示科技水平等综合实力。

（5）编史、修志需要荣誉证书、领导题词等。

◇ **实践指导**

一、明确主旨，围绕中心

实物档案的建立和其他档案一样，根本目的还是在于利用。高校档案部门的工作灵魂，始终是围绕学校的中心工作，开展"收集和接收""整理和保管"等工作，采取各种形式开发档案资源，为各方面利用档案资源提供优质高效的服务。所以，各高校档案馆可以在完成日常档案服务的前提下，拟订馆藏实物的开发计划，围绕一定的专题进行开发。搞好高校实物档案工作，有赖于以下基础条件：

（1）各高等院校完备的档案管理机构和档案工作网络，已经为实物档案的收集奠定了有利的基础条件，为实物档案的收集搭建好了较完备的收集路径和网络。

（2）制订和完善"高校实物档案管理办法（或标准）"之类的档案工作规章制度，为收集、管理和利用实物档案提供了制度保证。

（3）各高校档案馆通过多年的各档案相关法律法规的宣传教育，已经使高校各单位和广大教职工的档案意识有所增强，比如将各类实物明确列入归档范围，呼吁各相关单位或人士积极捐赠校史实物，使实物收集工作更有成效。

（4）充分发挥兼职档案员的作用。在高校档案工作网络中，各单位职能部门都应明确一名兼职档案员。档案部门实物档案管理者必须经常和各部门兼职档案员取得联系，定期指导、监督、检查各部门各阶段实物档案的收集情况，以保证收集的实物档案齐全完整。兼职档案员在各单位每项工作或活动结束后，应及时收集与工作或活动有关的实物档案，定期向本单位档案部门移交。

兼职档案员一定要掌握信息，及时收集、归档。任何部门和个人不能随意将应归档的实物据为己有或转送他人。个人在公务活动中获得的颁发给单位的奖杯、证书、纪念品等实物档案应交本单位档案管理部门归档；个人在公务活动中获得的省部级以上（含省部级）奖杯、证书等实物档案应交本单位档案管理部门拍照登记，再交由个人保管。

前述几个方面的基础，都为实物档案围绕学校中心工作服务这个主旨开展各方面利用奠定了准备条件。

二、明确收藏定位

实物档案的征集和收藏首先要明确定位，在涉及归档的有关规定中予以适当明确：

（1）要突出个性，建立特色档案。高等学校档案工作中的实物档案建设，要在体现本校的特色和优势上下功夫，根据本校的具体情况，在建档的做法上、档案的内容上、所起的作用和影响上，努力呈现突出优于别人的地方。在涉及归档的有关规定中应予以适当地明确，并有针对性地收集在内容上与已有馆藏相关联的、易于保管的实物，使它们得以相互印证，从源头上确保与文书档案相关的实物不会流失，形成特色收藏。要把握好实物的收藏范围。

（2）要注意数量和质量的统一，即丰富馆藏和优化馆藏相结合。实物档案的征集和收藏要注意适度和适量，不能过滥。对高校办学过程中的重大的、有历史影响的、有深远意义的、有典型代表性的、有特殊个性的、有"档案价值"的实物，方可纳入收存范围，但是也要避免收藏视野过于狭窄。总之，接收、征集实物档案，要加大珍贵、微观、典型的实物的征收力度，同时还可以开展寄存、代管等工作，采取积极灵活的"促进"措施，使散在个人手中的实物藏品能集中到学校的档案馆中。实物收藏也要切忌大而无当、盲目扩大收集范围、把不属于档案的"博物"也统统扩进来，造成实物档案的"无限"扩大化。

（3）要明确实物档案收藏要以利用为目的，不能任意扩大实物档案的管理范围、人为"做"成某类特色收藏。

（4）做好实物档案的收集工作。由于实物档案的形态各异和载体的多样，实物档案的整理和保管措施也因其形态和载体的不同而不同。所以，要结合本地区本单位实际情况，制订管理办法或实物档案的管理标准，确定归档范围、归档要求，由具体部门或个人随时向档案部门移交归档或随年度文件材料一起归档。移交实物档案时，移交人应对实物的主题和时间等信息有一定了解，在办理移交手续时，应填写"实物档案移交登记表"，清点无误后交接双方在表格相应位置上签字，以备后查。由于特殊原因，有关部门对于实物档案暂时需要保留的，应先将实物移交档案管理部门拍照登记编目，然后填写实物档案查阅登记表，办理借用手续。保管条件差的立档单位，要将实物档案及时移交。

三、摸清家底，建立数据库

要开展实物档案工作，先要摸清家底，清理和鉴定已有的馆藏实物，在此基础上进行筛选，进行系统的整理和保管。有条件的可集中保管。

在摸清家底的基础上，要加大实物档案信息开发力度，努力实现资源共享。第一，要建立实物档案目录，从目录里能迅速找到利用者所需的材料；第二，要把实物档案材料汇编成册，随时随地为利用者查找实物档案创造条件；第三，要建立实物档案数据库，建设本校档案馆（室）网页，将数据库链接挂在网页上，并与校园网联网，使校内外利用者能通过网络方便查找所需的实物档案信息。这里要强调一下，因为实物档案并不是孤立的，它与文字档案、声像档案有一定的内在联系，所以为了体现其中的相互关联，应该把有关同一事件的文字、声像、实物档案都做成相互参见。在数据库里相应的条目的备注项内输入参见内容，实现多角度、全方位检索。

四、实物档案存放排列的基本原则和基本做法

1. 保持有机联系，便于保管和利用

这是所有档案保存的最基本、最普遍的做法，也适用于实物档案。实物档案的存放，要么应该存在内容方面的联系，要么应该在材质、载体、体积或形状、大小等方面相类似。总之，它们之间一定要有这样或那样的（甚至是几样的）联系或相似性，在利用或找寻时能产生联想，或在保管时方便存放。

2. 外观整齐、节省空间原则

也称"载体"原则。这里的所谓载体，指实物的形式特征和制作材料、材质、质地。实物档案的保存、排列，要有所设

计，努力增强实物档案的系统化程度，方便检索和利用。实物的排列，一般遵循"载体原则"，即同一载体的实物应当排列在一起，这样有利于目录检索和实物存取；同一载体的实物存放于同类盒柜中，一般可以节省空间；同一载体的实物上架陈列，往往也显得整齐美观。实物的排列，在遵循载体原则下，一般按照实物的制发时间进行系统排列：同一类目内，同一载体的实物，按照制发时间的先后顺序排列，不同载体的实物可以按照制发时间的先后顺序排列，也可以按照载体形式进行排列。

五、高校实物档案分类的一般方法

高校的实物档案由于载体多样、形状各异，给分类带来一定困难。以往的业界同仁，有的从方便管理出发，根据其用途，把高校实物档案分为以下几类：印章类（SW11）、荣誉类（SW12）、礼品类（SW13）、作品类（SW14）。参照《高等学校档案实体分类法》（DA/T10-1994）的模式，实物档案的档号可以用"年度+分类号+件号"来表示，如：2010 年接收的第一枚印章它的档号为 2010- SW11-1：

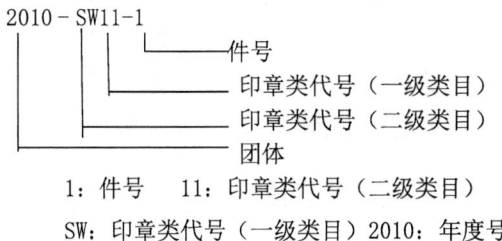

1：件号　　11：印章类代号（二级类目）

SW：印章类代号（一级类目）2010：年度号

各类实物档案的接收范围：

①印章类，包括学校及各层次下属单位已停用的印章，领导行使过某种职权且已停用的个人印章；

②荣誉类，包括学校及其所属部门受到表彰或因评估而接受的奖状、奖杯、锦旗、奖牌、证书等；

③礼品类，包括在外事活动和与外单位及个人交往中、校友往来中受赠的有纪念意义的物品；

④作品类，包括教学活动中产生并具有较大社会反响的实物作品，在科研和产品开发中有独创性的小型样机、重要的工程或建筑模型（如果物品体积过大不易保存的，可以转换为照片、录像）。

◇ **操作方法**

实物档案是以物质实体为载体，反映立档单位职能活动和历史真实面貌的具有保存价值的特定有形物品，是一个单位档案全宗的重要组成部分。由于实物档案载体多样、形状各异，往往给分类、保管等整理工作带来一定难度。

在系统规范地分类、贴签、编目、装盒之前，往往需要做大量的基础工作，记录流水账、拍照；以"方便原则"存放实物，把实物档案材料汇编成册。所谓方便原则，包括以下含义：①少占空间；②材质或大小相近的可以合并存放，以减少存储成本；③方便查找，也容易形成一定的内部联系。比如每年征兵工作先进单位的奖状，外形和材质都差不多，可以集中存放。

对实物档案的整理的操作方法，大致包括以下几个环节：

一、把材料汇编成册、拍照

首先，对每件接收进馆的实物，都要登记造册，记录其外形、材质等方面的细节，写出较详细的说明。说明内容包括：名称、来源、实物产生的时间、进馆时间、性质（捐赠、借展、购买）、事由、外形和材质等方面的细节等。若全宗内有与该物品相关的文件材料，还应该编上参见号，注明存址。

为充分反映实物档案归档时的原貌，方便后续的查找和利用，要给永久保管的、体积较大的、需要较高的保存条件或不方便经常拿出来示人的实物档案拍照，建立该实物档案的照片档案。拍照时要拍摄主要代表面，要拍全貌、正视角度（外形复杂的还需要拍俯视角度甚至更多角度），必要时还要拍摄实物的底部。

已经完成实物档案信息化的立档单位，待实物档案整理完毕后，可将实物档案的照片档案与实物档案的数据目录挂接。

对于特别珍贵的实物档案，要把购买（或捐赠）实物档案的公证书、专家鉴定书、交接手续等相关配套材料一并整理成为印证材料，连同实物档案的照片档案一起，成为该实物档案的"档案"。

二、实物档案的分类

分类是实物档案整理的重要环节。将实物档案按属性内容、形式特征、制作材料、获得时间、保存价值等划分类别和层次，既利于整理编目、排列、贴签，也便于系统地提供利用，方便检索。按照实物档案管理的基本规律和要求，实物档案的分类可采取问题、年度、保管期限、区域级别、高校档案实体分类法类目、载体形态等分类方法，以实现对实物的有序管理和有效检索。

实物档案的分类一般有以下四种分类法：

（一）按年度分类

将实物按其获得年度进行分类。采用年度分类法，将同一个年度获得的实物放在一起整理，不和前后年度的实物档案相混淆，此种分类方法可以从一个侧面反映出立档单位每年工作的特点和逐年发展变化的情况，并且同现行机关年度整理档案文件的内容相吻合。

（二）按保管期限分类

将实物按不同的保管期限进行分类。采用保管期限分类法，能够将不同价值的实物区分开，为以后的保管保护、移交进馆和到期鉴定等提供方便。实物档案保管期限一般分为永久和定期（50年）两个类别。实物是省（部）级及以上单位制发的，一般保管期限为永久，其余的为定期。

这里需要指出的是，按年度分类或按保管期限分类，在电脑检索时比较容易找到。但在实际工作当中，同类材质的实物，会根据内容、事由或保管期限不同而被分别存放，导致占用更多的空间。

由于档案馆馆舍有限（往往文书档案的存储空间都很紧张），期望馆内专门给出实物档案按年度或保管期限分类的存储空间，实际上很难做到。在现实中往往需要根据具体条件，有所变通。

（三）按区域级别分类

比如各种奖励证书、奖状等按地市级（北京市是"区"）、省部级、国家级分类；馈赠品，国内的按级别，国外的按国家分类。

（四）按问题分类

所谓按问题分类是指将实物按其属性内容和形式特征进行分类。此种分类方法可以避免和减少同类实物分散的现象，便于按专题查找和利用。实物档案问题分类一般分为奖品类、信品类、礼品类、作品类四大类。每类的主要内容如下：

（1）奖品类主要有以本单位或本单位内部机构名义在各项比赛、评比、检查、考核等工作中获得的奖状、锦旗、奖章、奖牌、奖杯、荣誉证书等实物。

（2）信品类主要有本单位的证件（法人证书、组织机构编码、营业执照、国有土地使用权证、房屋所有权证等），因本单位机构变更、撤销或合并而失效的印章、证书、牌匾等实物。

（3）礼品类主要有上级领导及社会知名人士为本单位的题字、作画，本单位开展的活动中有纪念意义的物品，本单位对外交际交往中收受的礼品，等等。

（4）作品类主要有本单位在行使职能活动中形成、制作或收存的模型样品、中试产品、终端产品等实物，如徽标（章）、钱币、票证、邮票、纪念币、工装、设备等。

三、贴签

贴签是指将实物在全宗中的位置进行标注，并以标签的形式在实物上进行粘贴。贴签是实物编目工作的起点和基础，通过贴签使实物在全宗中的位置得以确定，并为后续的编目工作及将来的查找和利用提供了条件。标签主要根据实物档案管理工作的基本需要而设置。标签纸张的规格大约为 30mm×70mm，表格的项目主要有名称、制发单位、获得时间、档号、获得单位、载体等。

①名称：实物内容属性和形式特征的简要说明名称；

②制发单位：制发实物的单位；

③获得单位：获得实物的单位；

④获得时间；

⑤载体：实物的制作材料；

⑥档号：由全宗类目代号、年度、分类目代号、保管期限代号、件号组成［全宗类目代号：SW；分类目代号：奖品类为 J、信品类为 X、礼品类为 L、作品类为 Z；保管期限代号：永久

为 Y、定期为 D；件号（或套号）：实物排列顺序号]。

实物标签

名称		档号	
制发单位		获得单位	
获得时间		载体	

实物档案以"件"为单位（若是包含有几张邮票的邮折，或包含有几枚纪念币的一组，则以"套"为单位），按"一件（套）一贴"的原则进行贴签。例如：某学院在 2008 年发行纪念该学院成立 30 周年的纪念币一套，这套纪念币被编目为当年收存实物的第 7 件（套），该套纪念币共 4 枚；当中的第 2 枚，其标签的档号应该如下：

SW—2008—L—Y—7—（2/4）

其解释为全宗类目号"实物"；2008 年度；分类目代号"礼品类"；保管期限号"永久"；当年度收集的礼品类实物的第 7 件（套）；在该套共 4 枚纪念币中的第 2 枚。

平面的实物，标签一般粘贴在实物正面的右下方或反面的左下方；立体的实物，标签一般贴在实物的底部。特殊形体的实物，如奖品类的奖章，信品类的印章，礼品类的纪念币、邮票等，可参照照片档案整理方法，将实物固定在纸质的衬板上，衬板上要写实物说明（左边固定实物，右边写文字说明）。

四、编目

编目是指编制实物档案目录。编目可为实物档案的保管、鉴定、检索、统计和编研等工作的开展提供基本条件。

实物的编目以"件"（少数"套"内含几个组件，则以？/？？表示，位于分母位置的？？，代表该套的总件数，位于分子的？，代表套内某一具体的件，即在该套内的顺序数。比如一套纪念邮票共6枚，其中的第3枚，则表示为3/6）为单位进行，每一件实物在实物档案目录中只体现为一个条目。实物按照分类、排列、贴签的结果，逐类逐件编制目录，以系统、全面地揭示实物的全貌。实物没有明确标明主题名称和制发时间的，编目时要拟出名称并考证制发时间。同时，要在备注栏中进行说明。

实物档案目录设置档号、名称、制发单位、获得单位、获得时间、载体、存放地点、参见号、备注等项目，是利用者检索的主要渠道。具体格式如下：

档号	名称	制发单位	获得单位	获得时间	载体	存放地点	参见号	备注

存放地点：实物的保管、搁置位置（档案盒、档案柜、密集架、陈列橱）。

参见号：与本实物有联系的其他门类档案（如：文书档案、声像档案等）的档号。

五、装盒（入柜、上架、陈列）

装盒（入柜、上架、陈列）是指将实物按件号顺序装入档案盒，放入档案柜、密集架、陈列橱的过程。

装入档案盒的实物主要是可折叠的或形体能够装入的，例如：奖品类的奖状（可卷成筒状）、奖旗（可折叠平装）、奖章、荣誉证书；信品类的印章、证书等。档案盒可选用6厘米厚的文书档案盒。盒内放置实物档案目录和备考表，以方便盒内实物的保管、利用、进出核查和填写盒内实物情况说明。对于奖品类的奖章、信品类的印章、作品类的纪念品、钱币等，可平放在档案盒里，用防酸纸板隔成"井"字格内，用纸团塞紧空隙以固定实物位置，档案盒内可放一张摆放示意图，注明档号，以方便利用。

实物装盒时，不同制发年度、不同保管期限、不同类目、不同载体的实物，不能放入同一档案盒；同一载体的实物数量少，不够一盒时，也不能将这些实物放入其他档案盒中；同一载体的实物数量多，盒装不完时，可按照排列顺序依次装盒。

放入档案柜、密集架、陈列橱的实物主要是不能折叠的、形体装不进档案盒的，如奖品类的奖牌、奖杯；信品类的牌匾；礼品类的装裱字画；作品类的书籍（含很多反映学校改革发展历程的纸质装订物及其过程稿）、小型样机、师生设计的服装、设备等。根据实物的分类排列和载体形式，可平放、立放、叠放、折放、卷放于柜、架、橱内。

另外，对奖品类叠放的锦旗、荣誉证书，信品类叠放的证件（法人证书、组织机构编码、营业执照、国有土地使用权证、房屋所有权证等），礼品类的邮票等，还可以套封档案袋，且应一件一袋——因为有些证件、证书、票证的表面容易粘连，一件一袋可避免损毁实物原件。

总之，实物档案因其大小不一，材质各异，对保管条件的要求各不相同。我们要区别不同材质，选择各种装具，创造良好的保管条件。

◇ 图例（流程）

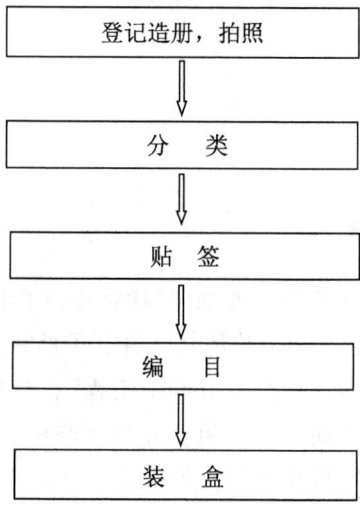

第九章　电子档案管理

✧ 案例链接

　　西方发达国家在 20 世纪 90 年代就开始了电子档案管理的研究与实践，并出台了相关政策制度对电子档案进行保护和管理。英国 1996 年开始启动的"AD2001 工程"，目标在于到 2001 年将所有馆藏的目录输入计算机，并与互联网相连，实现档案的远程在线检索。2005 年 9 月，美国国家档案和文件管理署（NARA）投资超过 3 亿美元开发美国电子文件档案馆（Electronic Records Archives，ERA）应用系统。

　　我国近年来大力推进档案信息化建设，实施了档案数字化战略，电子档案建设取得了明显成效。2003 年青岛市数字档案馆正式启用，成为国内首家投入使用的数字档案馆，被国家档案局认定为"全国示范数字档案馆"。2017 年 12 月，福建省发布《福建省数字档案共享管理办法》。

　　北京市档案局（馆）于 2002 年开始大规模地开展档案原文数字化工作，稳步推进传统载体档案数字化工作。截至 2012 年底，综合档案馆共完成纸质档案数字化 8759.5 万页，接收电子档案约 48TB（万亿字节），档案数字资源总量近 90TB。2013 年，北京市委、市政府办公厅印发的《北京市电子文件管理工作纲要（2013—2015 年）》中明确提出"集约化建设全市统一的电子文件中心"。

　　高校应用电子档案管理档案，可以有效地实现档案资源的共享，可以及时地更新各类档案信息，有效缩短查档、归档时间，降低档案管理工作的强度，提高档案工作的管理效率。上海大学于 2007 年 4 月正式启动数字化档案馆建设，计划分三步进行档案信息化建设——第一步为档案目录中心建设，其中又分为四校合并前档案目录的录入及四校合并后档案目录的录入，第二步为电子文件中心的建设，即增量档案收集的电子化及馆藏档案的数字化，第三步为建成常用档案全文检索数据库和构建数字化档案馆工作平台。2008 年第一期工程完成后，已实现学校教学、行政、党群、科研等所有档案的案卷入库。其中财会档案 6 591 条，出版档案 979 条，党群档案 18 138 条，房产档案 1 845 条，基建档案 3 594 条，教学档案 202 976 条，设备档案 3 729 条，声像档案 3 596 条，外事档案 5 115 条，科研档案 9 483条，共计 256 046 条，并实现全文检索利用，极大地提高了档案信息的利用效率。上海交通大学 2010 年发布的《关于新一代办公自动化系统产生的电子公文归档要求的通知》显示，从 2010 年 10 月 1 日起，新一代办公自动化系统（OA 系统）正式全面上线运行，档案信息管理系统与 OA 系统的衔接完成，实现了办理完毕的电子公文自动向档案管理系统收发文模块的整合导入。云南民族大学于 2016 年初启动了在编教职工人事档案数字化采集工作。10 个月时间，对全校 1 200 余位在编教职工实现了人事档案数字化管理。

　　对于高校档案部门而言，学生档案仅是阶段性保存的档案类目，但对于学生而言，档案却是学生个人学习工作生活中的一个至关重要的角色。尤其在 27 号令颁布后，学生档案明文写入高等学校档案的归档管理范围。教育部《2018 年普通高等学校招生工作规定》明确规定，考生电子档案是高校录取新生的主要依据，考生电子档案库一经建立，任何人不得擅自更改。由于上海大学档案馆定期将学生数据入库上网，目前可供查询的学生档案数达到 107 553 条，实现了学生个人档案传递在线查询，使毕业生及时获知本人档案的去向，为毕业生离校提供了关键的信息依据。

◇ **知识要点**

一、发展趋势

随着信息化的日益发展，由计算机处理产生的大量电子文件在人们日常办公和生活中被广泛应用。随之而来的是对海量电子文件的存储、保管以及利用的现实需要，电子档案及其管理也即应运而生。1996 年，第十三届国际档案大会在北京召开，此后电子档案管理在我国得到了高度重视。国家质量技术监督局于 1999 年发布了《CAD 电子文件光盘存储、归档与档案管理要求》等相关标准。2002 年，国家档案局制定了《全国档案信息化建设实施纲要》。随着信息技术的飞速进步，电子文件呈现出越来越多的新特征，数字化存储技术也愈加成熟，技术手段越来越丰富，数字化、无纸化办公广泛普及，因此电子档案管理与应用发挥着越来越重要的作用，甚至有超越传统纸质档案的趋势。

二、行业术语

（1）电子文件（electronic document；electronic record）：国家机构、社会组织或个人在履行其法定职责或处理事务过程中，通过计算机等电子设备形成、办理、传输和存储的数字格式的各种信息记录。电子文件由内容、结构和背景组成。

（2）电子档案（electronic record；archival electronic record）：具有凭证、查考和保存价值并归档保存的电子文件。

（3）电子档案管理系统（electronic records management system）：对电子文件、电子档案进行捕获、维护、利用和处置的计算机信息系统。电子档案管理系统既可以自成系统，为用户提供完整的电子档案管理和网络查询功能，也可以与本单位的OA办公自动化和DPM（Direct Part Marking，一种印刷技术，可以不经过加标签，直接为产品做标识）设计过程管理，或者与MIS信息管理系统相结合，形成更加完善的现代化信息管理网络。

（4）数字档案馆（digital archives）：运用现代信息技术对电子档案及其他数字资源进行采集、存储、管理，并通过各种网络平台提供利用的档案信息集成管理体系。广义的数字档案馆是指存储和利用档案信息资源的信息空间，是一个由众多档案资源库群、档案信息资源处理中心、档案用户群构成的数字档案馆群体。数字档案馆具有馆藏资源数字化、信息组织与传输网络化、服务范围扩大化、信息资源共享化、信息检索便捷化等诸多特点。

（5）元数据（metadata）：描述电子档案的内容、结构、背景及其整个管理过程的数据。

（6）内容（content）：以字符、图形、图像、音频、视频等形式表示的电子档案的主题信息。

（7）结构（structure）：电子档案的内容组织和存储方式。包括逻辑结构和物理结构。

（8）背景（context）：电子档案形成、传输、使用和维护的框架。包括行政背景、来源背景、业务流程背景以及技术背景等。

（9）真实性（authenticity）：电子档案的内容、逻辑结构和背景与形成时的原始状况相一致的性质。具有真实性的电子档案由特定机构使用安全可靠的系统软件形成，没有发生被非法篡改或者误用过的情况，能够证明其用意、生成者或发送者、生成或发送的时间与既定相符。

《中华人民共和国电子签名法》第 5 条规定："（一）能够有效地表现所载内容并可供随时调取查用；（二）能够可靠地保证自最终形成时起，内容保持完整、未被更改。但是，在数据电文上增加背书以及数据交换、储存和显示过程中发生的形式变化不影响数据电文的完整性。"的电子文件，视为满足法律、法规规定的原件形式要求。

（10）可靠性（reliability）：电子档案的内容完全和正确地表达其所反映的事务、活动或事实的性质。

（11）完整性（integrity）：电子档案的内容、结构和背景信息齐全且没有破坏、变异或丢失的性质。

（12）可用性（usability）：电子档案可以被检索、呈现和理解的性质。

（13）全程管理（life-cycle management）：对电子文件形成、办理、归档以及电子档案维护、利用和最终处置（销毁或永久保存）全过程进行的控制。

（14）电子签名（electronic signature）：电子文件中以电子形式所含、所附用于识别责任人身份并表明责任人认可其中内容的数据。

（15）著录（description）：按标准形式对电子档案的内容、结构、背景及管理活动进行描述的过程。

（16）数字化（digitization）：利用计算机技术将模拟信号转换为数字信号的处理过程。

（17）纸质档案数字化（digitization of paper-based records）：采用扫描仪等设备对纸质档案进行数字化加工，使其转化为存储在磁带、磁盘、光盘等载体上的数字图像，并按照纸质档案的内在联系，建立起目录数据与数字图像关联关系的处理过程。

三、相关概念

按电子文件的信息存在形式，可将电子文件分为文本文件（text）、数据文件（data）、图形文件（graphic）、图像文件（image）、影像文件（video）、声音文件（audio）、程序文件（program）、多媒体文件（multimedia）、超文本文件（hypertext）。

按电子文件的生成方式，可将电子文件分为计算机系统中直接生成的原生电子文件和将纸质或其他载体（如胶片）文件重新录入生成的数字化电子文件。

与传统的纸质档案相比，电子档案主要有以下优势：

（一）管理优势

传统档案管理是对纸质资料进行管理、查阅，不仅实体占用面积大，而且工作需要空间大，对原件损伤也较大。电子档案主要借助于硬盘、光盘等存储介质来实现，这些存储介质体积小、容量大，仅需要少量的消磁柜等专用设备进行存放即可，使用、查阅也不会对原件造成损伤。

（二）效率优势

在传统档案管理方式下，查询、借阅档案都要到档案室进行，不仅影响保存环境，而且手工查询效率较低。而电子档案可以编制多角度、全方位的检索工具，方便检索查询信息。用户只需给出关键字，即可以找出相应的信息，从而大大减轻档案工作人员的劳动强度。同时，档案可以通过复制并存储于不同介质之中，利用者只要获得允许，就可以随时随地调出查阅所需的档案信息。

（三）安全优势

由于实体档案的特殊性，备份和异地保存都存在一定的难度，面对战争和自然灾害往往损失严重、难以恢复。而电子数据可以方便快捷地进行备份和多种形式的保存，异地传输与恢复也比较容易。

（四）完整优势

在档案实际整理过程中，实体档案始终存在上送、转递、销毁等工作，加之受条件限制、人为失误等原因，不可避免地产生一些信息流失。而电子文件不受实体体积影响可以长期保存，传递不易缺失，可以在允许的范围内最大限度地完整掌握各种信息。

（五）验证优势

以往的档案管理中，特别是人员调动过程中，发现有涂改或与实际不符的现象，受时间、人员、技术等限制，一些问题难以查证。而信息技术可以对数据进行加密、签字，如果发现问题只需用相应程序进行验证，就可以查询修改的历史记录。

◇ 应用方向

电子档案的特点是实物资料的信息化，大量的原始档案可以集中在计算机存储介质中，通过互联网进行传播，使得用户在查阅时可以实现对海量信息的快速筛选，其查全率和查准率是纸质档案无法可比的。

一、提供拷贝

拷贝是电子档案使用的第一途径，目的是向使用者提供档案的原始状态，确保其使用过程中的权威性。作为档案部门，当向利用者提供载体拷贝时，应将文件转换成通用标准文档存储格式，由利用者自行解决恢复和显示的软硬件平台。当利用者不具备利用电子文件的软硬件平台时，也可向用户提供打印件或缩微品。

二、通信传输

通信传输可以解决使用者无法到达档案所在地的难题，而且可以节省时间和财力，是电子档案在使用中的一个重要方式。所谓通信传输，即用网络传输电子档案，在不同的馆际之间实现档案资源互相交流。通信传输可以通过点对点转换数字通信或互联网来实现。

三、直接利用

直接利用指的是利用档案部门或另一检索机构的电脑，在档案部门的网络上直接查询。直接利用的特点是可为利用者提供技术支持，也可使更多的读者同时利用同一份电子档案。这一方法的可能性，取决于档案馆网络系统中可供直接利用的信息资源的多少。

四、凭证作用

《中华人民共和国电子签名法》第 3 条规定："民事活动中的合同或者其他文件、单证等文书，当事人可以约定使用或者不使用电子签名、数据电文。当事人约定使用电子签名、数据电文的文书，不得仅因为其采用电子签名、数据电文的形式而否定其法律效力。"《中华人民共和国刑事诉讼法》和《中华人民共和国民事诉讼法》均已将"电子数据"作为证据列出。

✧ 实践指导

电子档案管理包括电子文件接收、传统载体档案数字化转换、资源整理加工、建立各类资源库，以及管理系统建设等内容。

一、电子文件接收

将作为档案管理的电子信息必须要经过一个归档过程处理后才能称之为电子档案，否则，只能称其为文件。因此，应当根据档案接收范围，建立电子文件接收进馆制度和机制，配备必要的技术手段，从源头上保证数字档案信息的真实、完整、可用。

为了保证有价值的电子档案接收入库，必须确定电子文件接收范围、标准和方法。在范围上，除了参照纸质档案接收要求，还应针对电子文件多样性、形象性的特点，接收反映重大事件、重要活动、重大变化的电子形式的记录；在种类上，除了文本文件还包括数码照片、图形图像、多媒体、数据库、网页等各种形式的电子文件。

接收时，还应当明确电子文件移交的方式和时限。移交方式可以是在线移交也可以是离线移交，但不论何种移交方式，都应以安全、高效、准确为原则。与纸质文件对应，电子文件在移交和接收之前，应要求和督促立档单位建立正确无误的对应关系并保证其内容的一致性。应当加强对电子文件形成及其整理、归档、移交的监督指导，包括确定归档范围规范、进行质量检查、开展技术服务等。

电子文件的接收与管理应当遵循以下标准规范：

① 《电子文件归档与电子档案管理规范》（GB/T18894-2016）；

②《纸质档案数字化规范》（DA/T31-2017）；

③《公务电子邮件归档与管理规则》（DA/T32-2005）；

④《文书类电子文件元数据方案》（DA/T46-2009）；

⑤《版式电子文件长期保存格式需求》（DA/T47-2009）；

⑥《基于 XML 的电子文件封装规范》（DA/T48-2009）。

电子文件的接收与管理还应遵照相应的行业管理规章：

①《电子档案移交与接收办法》（国家档案局档发〔2012〕7 号）；

②《电子公文归档管理暂行办法》（国家档案局令第 14 号）。

二、档案数字化

电子档案的管理不仅仅是管理档案的电子信息，还要实现实体档案的信息化管理，以及电子信息和实体档案的关联管理。传统载体档案数字化是现阶段电子档案建设的一个重要途径。

档案数字化工作是一项系统工程，涉及档案保管、保护、整理、鉴定、转换、存储、利用等多个环节，应当统筹规划，分步实施。应当通过数字化工作，对馆藏档案进行全面的梳理。要高度重视档案整理、鉴定、保护等基础工作，为数字化工作提供高质量的来源。如果对馆藏档案无法一次性全面数字化，可以按照特殊载体优先、重要程度优先、共享性强优先等原则分步实施。

纸质档案数字化的基本环节主要包括：数字化前处理、目录数据库建立、档案扫描、图像处理、数据挂接、数字化成果验收与移交等。纸质档案数字化过程中，应保存数字化项目信息、技术环境、数字化各类技术参数等方面的元数据。元数据元素的确定应符合 ISO/TR 13028 提出的要求。

数字化加工一般采取自主加工和数字化外包两种方式进行。

自主加工是档案馆自行配备数字化加工设备，自行组织人力开展数字化加工。这一模式适用于少量重要、核心档案的数字化加工。数字化外包是将应数字化的档案委托专业公司实施加工。这一模式效率相对较高，投资相对节省，普遍适用于各类档案的数字化加工。

档案数字化工作当前应遵循的标准规范有：

①《纸质档案数字化技术规范》（DA/T31-2005）；

②《缩微胶片数字化技术规范》（DA/T43-2009）。

档案数字化工作还应遵照相关行业规章有：

《艺术档案管理办法》（2001年12月31日文化部、国家档案局令第21号）。

三、资源整理

在对信息资源进行有序、有效管理之前，必须进行整理，包括分类、价值鉴定、开放审查等。应当将电子档案进行信息分类，根据不同的类别进行划分，高校电子档案主要分为基建类、设备类、学生档案、职工档案等。可以参照传统载体档案的分类、排序方式，实现对电子档案信息的规范管理。

电子文件档案信息发布利用之前，必须进行开放利用的鉴定工作，并通过技术检查，譬如清晰度、准确性、完整性，以便让利用者有效检索、阅读和理解数字档案信息。

档案信息网上提供利用，要根据电子档案不同网络的传播范围、用户范围、使用方式等进行处理。对涉及国家秘密、知识产权或个人隐私及其他敏感信息的档案利用，应当按照国家法律法规要求，进行划控处理。涉密信息只能在涉密网发布；内部信息只能在内网（包括政务网和档案馆局域网等）使用；开放信息可以在公众网发布。

四、电子档案数据库

运用计算机及其相关技术设备管理电子档案信息，一般采取数据库技术方法。首先做好电子文件的识别和标识工作，将文件信息完整准确的纳入数据库中，实现统一的管理，同时做好防火墙工作并安装病毒查杀能力强的软件，防止病毒的非法侵入造成档案流失，保证档案信息的安全。

电子档案数据库一般包括目录数据库或元数据库、内容数据集等。其中，目录数据库是电子档案管理的基础，它是将反映电子档案特征的规范数据，依照一定的字段要求存入计算机中，通过系统的排序等处理，形成由计算机检索的目录数据体系。目录数据库建立的方式主要有两种基本途径，一是通过传统载体档案数字化采集的档案目录数据库，一般通过人工录入建库方式建立；二是通过接收电子文件方式形成的数字档案，一般通过档案管理系统自动采集生成或从数字档案元数据库中提取数据，并经过数据整理规范审核与补充完善后建立。

保存电子档案元数据是保证数字档案可靠和可用的一项重要措施。元数据库建设按照电子档案元数据采集规范要求建立。元数据采集方式主要是通过对电子文件或数字档案的背景、结构和管理过程信息进行自动生成和适当人工添加而形成。

内容数据集是电子档案建设的主体，它是通过数据库、数据仓库等技术方法将档案全文按照一定的分类、排序方式排列形成的集合。内容数据一般通过与目录数据挂接的方式实施有效管理，随着信息技术，特别是检索技术的发展，将来也会采用其他技术方法对内容数据进行有效管理。对于由电子文件归档形成的电子档案，其内容数据还应与其元数据建立持久有效的联系，采取技术措施，防止非法修改，确保其可靠和可用。

电子档案数据库建设应遵循以下标准规范：

①《中国档案机读目录格式》（GB/T20163-2006）；

②《档号编制规则》（DA/T13-1994）。

五、电子档案管理系统

电子档案管理系统，就是要为电子档案管理搭建一个公共支撑环境，提供统一的采集、管理、查询、加载及展现的平台，主要实现以下功能：

（一）统一电子档案入口

能够以影像技术、条形码技术、版式电子数据文件等技术为支撑，实现对不同介质、不同类别的档案进行标准化封装处理，转化为统一的入口文件，以统一的格式进行存储，并保证电子档案的不可抵赖性和可追溯性。

（二）对采集的电子资料进行统一管理

根据档案管理的相关规定，采用流程化方式对电子资料实施统一、规范的档案管理。主要包括登记、归档、整理、移交、接收、保管、迁移、鉴定销毁、查询借阅、备份恢复等覆盖案卷整个生命周期的各环节管理。并能够实现对流程各个环节的流转痕迹进行记录查询等操作。

（三）提供对档案流程的管理

根据业务需要，为每个环节设置分配不同的业务角色，并采用 CA 和数据加密技术实现用户对数据访问的身份控制，实现权限的分级管理、共享使用、分组共享、分别配置和临时发放等，从而满足各类业务档案管理流程不同的需要。业务人员能够仅使用平台提供的工具，就可以实现其他业务电子档案（如人事档案、财务档案等）的添加及修改。

（四）实现电子档案的可靠性、安全性管理

应用支撑环境能够通过数字证书、电子印章等先进技术保证电子档案的不可抵赖性及其凭证价值。通过安全机制保证电子档案封装、传输过程、整理、归档过程、保管和利用过程中的信息安全，实现对电子档案安全级别的划分和标志，并根据不同的级别和权限进行访问控制。

六、电子档案的安全保护措施

电子档案的推广虽然为档案的管理工作带来了一定的便利，但是在网络安全方面还存在一定的问题，因此档案管理部门一定要重视电子档案的安全问题。

（一）制定档案管理制度

要使档案的管理制度正规化、规范化，要建立相应的管理制度，档案管理人员要严格按照制度进行操作，从而减少因工作人员操作不当造成电子档案保管不善的问题发生。

（二）聘请专业网络安全技术人员

根据实际聘请专业的网络安全技术人员，对档案管理使用的计算机的安全防御系统进行升级，并安装相应的杀毒软件以及防火墙，并将基础的使用方法教授给档案管理人员，从而有效控制非法入侵和病毒植入的概率，提升电子档案的安全系数。

此外，由于电子档案的管理工作涉及的内容繁多，需要高校的各个管理部门配合，及时将本部门相关的档案信息梳理上报，由档案信息的管理人员及时进行信息归档工作，必须将有关要求纳入到高校管理工作的程序，做好资料定期收集工作。

✧ 操作方法

一、电子文件的收集与积累

（一）收集范围

电子文件的收集范围按国家关于文件归档的现行有关规定

执行。

（二）收集要求

（1）有查考价值的电子文件应被保留。当正式文件是纸质时，如果保管部门已开始进行向计算机全文处理的转换工作，则与正式文件定稿内容相同的草稿性电子文件应当保留，否则可根据实际条件或需要，确定是否保留。

（2）保存与纸质等文件内容相同的电子文件时，要与纸质等文件之间，相互建立准确、可靠的标识关系。

（3）在"无纸化"计算机办公或事务系统中产生的电子文件，应采取更严格的安全措施，保证电子文件不被非正常改动。同时必须随时备份，存储于能够脱机保存的载体上，并对有档案价值的电子文件制作纸质或缩微胶片拷贝件保留。

（4）用文字处理技术形成的电子文件，收集时应注明文件存储格式和属性。

（5）用扫描仪等设备获得的图像电子文件，如果采用非标准压缩算法，则应将相关软件一并收集。

（6）用计算机辅助设计或绘图等获得的图形电子文件，收集时应注意其对设备的依赖性，以及易修改性等问题，不可遗漏相关软件和各种数据。

（7）用视频设备获得的动态图像文件，收集时应注意收集其压缩算法和软件。

（8）用音频设备获得的文件，应注意收集其属性标识和相关软件。

（9）由计算机多媒体技术制作的文件，其中包含前面所示的两种以上的信息形式的，收集时应注意参数准确、数据完整。

（10）通用软件产生的电子文件，收集时应注意收集其软件型号和相关参数。专用软件产生的电子文件，收集时必须连同专用软件一并收集。

（11）计算机系统运行和信息处理等过程中涉及的各类参数、管理数据等应与电子文件一同收集。

（三）收集方法

（1）按照要求制作电子文件备份。

（2）每份电子文件均须在电子文件登记表中登记。

（3）电子文件登记表应与电子文件的备份一同保存。

（4）电子文件登记表如果制成电子表格，应与备份文件一同保存，并附有纸张打印件。

（5）电子文件性质代码：R—草稿性电子文件；U—非正式电子文件；O—正式电子文件；N—无纸电子文件；T—文本文件；I—图像文件；G—图形文件；V—影像文件；A—声音文件；M—多媒体文件；P—计算机程序；D—数据文件。

二、电子文件的整理与归档

（一）整理

电子文件的整理应按内容、保管期限、密级等因素相对集中，按《档案著录规则》著录，并制成机读目录。

（二）电子文件的归档

（1）定期把符合归档条件的电子文件按档案管理要求的格式存储到可长期保存的脱机载体中。

（2）电子文件的归档范围的划分可参照国家关于文件的现行有关规定执行。

（3）逻辑归档应实时进行，物理归档应定期完成。

（三）归档要求

（1）在进行电子文件归档工作时，应按其基本技术条件进行检测。其内容包括硬件环境的有效性、软件环境有效性及其信息记录格式等。

（2）归档前的鉴定，参照国家关于文件的现行有关规定执行，将鉴定结果在电子文件的机读目录上制作相应的标识。

（3）归档前应由文件形成单位对电子文件的有效性和完整性进行审核，并由负责人签署意见。如果文件形成单位采用了某些技术方法保证电子文件的有效性和完整性，则应把其技术方法和相关软件一同移交给接收单位。

（4）把带有归档标识的电子文件集中，制成归档数据集，拷贝至耐久性的载体上，至少一式两套，一套封存保管，一套供查阅使用。必要时，复制第三套，异地保存。对于加密电子文件，则应解密后再完成上述工作。推荐采用的载体按优先顺序分别是：只读光盘、一次写光盘、可擦写光盘、磁带等。

（5）存储电子文件的载体或包装盒上应贴有标签，标签内填写编号、名称、密级、保管期限、硬件及软件环境。

（6）将相应的电子文件机读目录、相关软件、其他说明等一同归档并附归档电子文件登记表。

（7）需要长期保存的电子文件应当把归档电子文件与相应的机读目录储存在同一载体上。如果是自行开发的应用软件，也应将软件及相关数据储存在同一载体上。

（8）原电子文件数据集载体在完成电子文件归档后，保留时间至少为 1 年。

（9）在网络中进行了逻辑归档操作的电子文件应按上述归档过程完成物理归档。

三、电子档案的移交与保管

电子文件归档后按有关规定移交至档案保管部门，作为电子档案进行保管。

（一）检验

（1）档案保管部门应配备相应的处理设备，以保证完成电子档案的检验工作。归档的每套载体均应接受检验，合格率应达到100%。与纸质档案同时保存的电子档案可采取抽样检验的方法，样本数不少于总数的20%且合格率应达到100%。

（2）检验项目包括：载体有无划痕，是否清洁；有无病毒；核实电子档案的完整性和有效性审核手续、核实登记表、软件、说明资料等是否齐全。

（3）将检验结果填入电子档案入库登记表。验收合格后，档案保管部门在电子档案入库登记表上签字盖章。一式两份，一份交电子文件形成单位，一份自存。

（二）保管

电子档案保管除应具备纸质档案一般的要求外，还应符合下列条件：

（1）归档载体应作防写处理。不得擦、划、触摸记录涂层。载体应直立存放，做到防尘、防变形。

（2）环境温度选定范围：14℃—24℃；相对湿度选定范围：45%~60%。

（3）存放时应注意远离强磁场，并与有害气体隔离。

（4）存效性保证。每满1年，对电子档案涉及的形成单位和档案保管设备更新情况进行一次检查登记；每满2年进行一次抽样机读检验。抽样率不低于10%，如发现问题应及时采取恢复措施。设备环境更新时应确认库存载体与新设备的兼容性，如不兼容，应进行电子档案的载体转换工作，原载体同时保留时间不少于3年。磁性载体上的电子档案，每4年转存一次，原载体同时保留时间不少于4年。定期检验结果应填入电子档案管理登记表。

四、利用

（1）电子档案的封存载体不得外借。利用时使用拷贝件，并遵守保密规定。

（2）利用者对电子档案的使用应在权限规定范围之内。

（3）具有保密要求的电子档案上网时必须符合国家或部门有关保密的规定，要有稳妥的安全保密措施。

五、电子档案的销毁

（1）电子档案的销毁鉴定按国家现行有关规定执行。销毁应在办理审批手续后方可实施。

（2）非保密电子档案可进行逻辑删除。属于保密范围的电子档案被销毁时，如存储在不可擦除载体上，须连同存储载体一起销毁并在网络中彻底清除。

（3）统计档案保管部门应及时按年度对电子档案的保管、利用等情况进行统计。

六、电子档案管理系统建设

（一）系统建设总体要求

按照国家档案局《电子档案管理系统基本功能规定》（国家档案局办公室 2017 年 12 月 15 日印发）的要求，电子档案管理系统建设应依据先进、实用、安全、发展的原则。系统结构应具备开放性，可实现与其他系统的功能集成、数据共享与交换。系统功能应具备可扩展性，应满足当前及可预见的时间内的业务需求，可方便地进行功能扩展。系统实现应具备灵活性，支持电子档案管理的业务模式、工作流程和数据结构等的灵活定义与部署。系统运行应安全可靠，保存电子档案管理关键业务过程记录，根据需要采取电子签名、数字加密和安全认证等技术手段，保障电子档案安全，防止非授权访问。系统应依据电子档案保存和利用的业务要求分别建立相应数据库。系统应能够管理符合国家、行业标准规定的多种门类、多种格式的电子档案。系统应具备对实体档案进行辅助管理的功能。

（二）系统管理功能

1. 系统应具备档案接收功能

支持在线和离线的批量接收与处理，保存移交接收处理记录。对电子档案的数量、质量、完整性和规范性等进行检查、登记、标注。

2. 系统应具备档案整理功能

对电子档案自动归类与排序，进行电子档案的著录、标引，形成电子档案目录，并与电子档案相关联。具备电子档案批量格式转换功能。保存入库处理过程记录。

3. 系统应具备档案保存功能

对电子档案及其目录数据库进行备份与恢复，对电子档案存储状况实施监控和警告，并记录处理过程。对电子档案进行真实性、完整性、可用性和安全性等检查功能。对电子档案进行保护，保障电子档案不被非授权地修改与删除，记录长期保存过程中的变动信息。

4. 系统应具备档案利用功能

依据利用需求生成电子档案利用库，支持电子档案的检索、筛选和输出，能够为利用者提供符合国家标准格式的电子档案。支持在线申请、在线审批、在线阅览、授权下载与打印等处理。具备档案编研功能，对档案编研成果进行管理。保存档案利用者信息，并采取技术手段确保利用过程中电子档案不被非法篡改。

5. 系统应具备档案鉴定与处置功能

按照电子档案的处置规则，建立和配置鉴定与处置条件、策略和流程，支持保管期限到期鉴定等自动提醒功能。提供电子档案销毁管理。

6. 系统应具备档案统计功能

可按照档案的全宗、门类、文件格式、开放程度和年度等对电子档案数量和容量进行统计，生成常用电子档案工作统计报表。

✧ 图例（流程）

一、电子档案信息采集

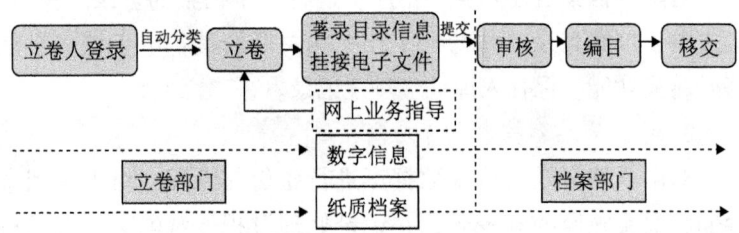

二、电子档案管理

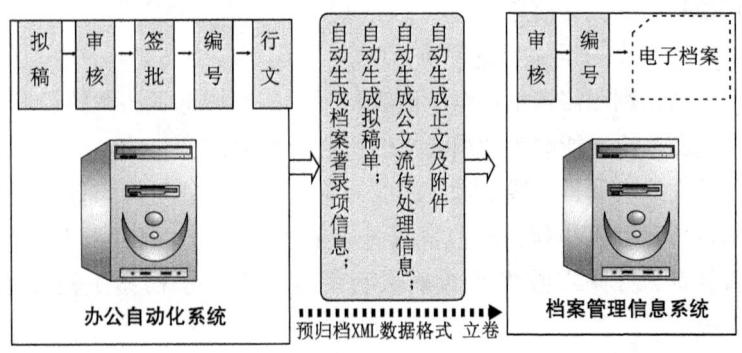

三、电子档案服务与利用

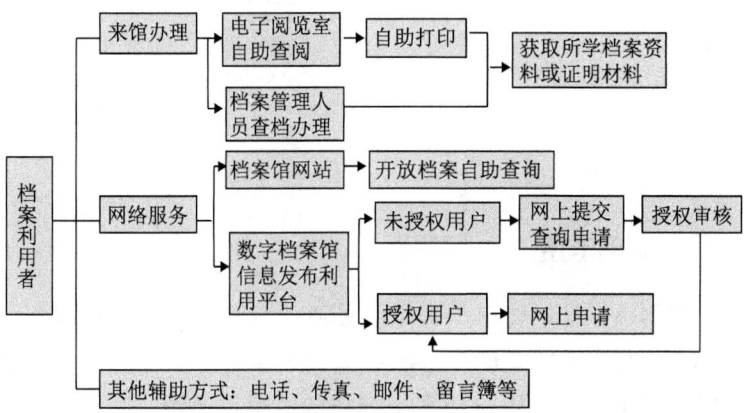

四、电子档案管理数据库

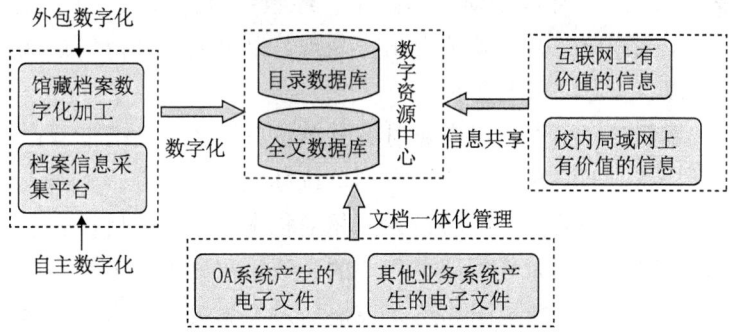

✧ 案例链接

案例一：某单位组织部组织处级干部竞聘，对提交简历的候选人进行个人档案审核。在对其"三龄两历一身份"等信息审核时，小李的简历与档案中记载的情况不一致。最终，小李被取消了竞聘资格，小王等人通过了档案审核，经公示后就任处级干部。由此可见人事档案的重要程度不言而喻。人事档案是在组织人事管理活动中形成的，经组织审查或认可的记录，反映个人经历、德能勤绩等工作表现，以个人为单位集中保存起来以备查考的历史资料。

案例二：小张大学毕业时到某单位就职，自己携带着由毕业学校就业部门封装好的档案到单位办理入职手续。工作人员参照档案中提供的《案卷目录》核对档案内容无误后接收了小张的人事档案，为其办理了相关的手续。在该单位工作的几年中，小张不仅晋升了职称还光荣地加入了党组织成为了一名共产党员。随着小张工作履历的日渐丰富，档案材料也随之增多，该如何进行收集和鉴别呢？

案例三：小赵大学毕业后，分到某单位工作，其个人档案由毕业院校转到单位保管。他勤奋工作，按时参加年终考核，职称从初级晋升到了中级，期间还被发展为中共党员。人事处将小赵的考核表、职称评审材料及发展入党材料进行汇总，按程序及时归档。档案保管部门对归档材料的整理与保管将在本节详细阐述。

案例四：小郭在某高校工作，其人事档案一直由该学校档案馆负责管理，人事管理和组织部门有权进行查阅。由于小郭被调动到另一所高校工作，其人事档案也要随之传递到小郭即将工作的高校。本节将对人事档案的保管和传递环节进行详细描述。

◇ 知识要点

一、人事档案涵盖的内容

人事档案属于一种专门档案，包括干部档案、工人档案、学生档案和军人档案四大类。本书中涉及人事档案的内容主要以干部档案为例。

根据中共中央办公厅印发的《干部人事档案工作条例》的相关规定，干部人事档案内容主要分为十类：第一类：履历类材料；第二类：自传和思想类材料；第三类：考核鉴定类材料；第四类：学历学位、专业技术职务（职称）、学术评鉴和教育培训类材料；第五类：政审、审计和审核类材料；第六类：党、团类材料；第七类：表彰奖励类材料；第八类：违规违纪违法处理处分类材料；第九类：工资、任免、出国和会议代表类材料；第十类：其他可供组织参考的材料。

二、人事档案具有的特点

（一）真实性

人事档案是个人成长过程中的真实记录，能够客观公正地还原个人成长道路，是社会组织了解和使用干部、职工的重要参考依据。

（二）动态性

人事档案的动态性主要体现在两个方面：一个方面是个人在成长过程中，档案材料会随个人履历的不断丰富而增加内容，如职称晋升、奖励晋级等。另一方面则是随着人员的流动进行转移，如出国留学、变动工作单位等。

（三）机密性

由于人事档案全面记载了个人成长的全部情况及家庭成员的部分信息，为保证社会安定，维护公民的隐私权，人事档案一般由组织人事部门进行管理，具有严格的保密性，以确保个人权益和国家利益不受侵犯。

人事档案管理工作主要包括：人事档案的收集、鉴别、整理、保管、利用、传递等内容。

三、人事档案的收集

人事档案的收集一般分为两种情况：一种情况是人员转入时整卷进行收集，另一种情况是人员在本单位工作过程中产生的散材料收集。下面分别对这两种情况进行详细阐述。

（一）整卷收集

人员来单位时，应由转出单位将人事档案封装好后加盖带有"人事档案"字样的骑缝章，由本人自带或通过邮局纪要的形式送达。接收时应参照《案卷目录》逐一核对每一份材料，确保所接收的人事档案材料正确无误，人员履历完整。

（二）散材料收集

随着人员工作履历的不断丰富，每年都会产生人事档案的散材料。如职称晋级材料、干部任免材料、学历进修材料、工作考核材料、党团材料、奖惩材料等。人事档案管理部门应于人事管理和组织部门建立定期收取散材料制度，每年及时将散材料收集整理后编入人事档案，以免在人员出现变动时，造成不良后果。

四、人事档案材料的鉴别

人事档案材料的鉴别是指人事档案管理部门根据人事档案归档范围和要求，对收集到的材料进行审核和甄别的过程。旨在判定材料的真伪和存档价值，这是保证人事档案真实性和完整性的重要环节。具体操作步骤分为：鉴别人事档案材料的内容，以及对于不符合要求的归档材料进行相应的处理。

五、人事档案的整理

人事档案的整理是指将已经收集的人事档案按照有关要求，以个人全宗进行分类排序、编写页面、生成目录等技术加工，并对后期新增的散材料进行补充的工作。从形式上可分为整卷编目整理和散材料分类进行整理。

（一）整卷编目整理

首先要将已经接收的人事档案材料按照《干部人事档案工作条例》中的十大类进行分类，每一类材料按照时间先后进行排序。整理好所有材料的顺序后，编写《干部人事档案目录》，最后打印脊背条，进行装订入库。

（二）散材料分类进行整理

先将收集到的散材料按人员姓名区分，再将区分后的散材料按照《干部人事档案工作条例》中的十大类进行分类，之后与相同类别中的材料产生时间进行比对排序，最后将其材料名称编入《干部人事档案目录》，材料放到档案相应位置进行装订入库。

六、人事档案的保管

人事档案属于机密材料，其保管应严格遵守国家有关规定。其保管按人员类型分为：

（一）在职人员人事档案保管

在职人员一般可分为三大类，处级领导干部的人事档案由组织部门保管，一般管理干部和工人的档案由人事管理部门保管。

（二）离（退）休人员人事档案保管

在职人员因年龄等因素办理离退休手续后，人事处会将其身份从在职序列调整到死亡人员序列，档案保管部门将根据人事处提供的变更数据，将其档案调整到离（退）休人员人事档案序列进行保管。

（三）死亡人员人事档案保管

在职人员或离退休人员去世，人事处会将其身份从在职人员序列或离（退）休人员序列调整到死亡人员序列，档案保管部门将根据人事处提供的变更数据，将其档案调整到死亡人员人事档案序列进行保管。

（四）其他人员人事档案的保管

单位除上述类别的档案外，还会有因挂档离职等情况留存在单位的档案。这些属其他人员人事档案的保管范畴，在排架上要单独形成序列保管。

七、人事档案的利用

由于人事档案的利用目的情况复杂，这里不进行赘述。对于人事档案管理人员来说，利用主要强调的是具体要求和实施方式。

（一）人事档案利用的具体要求

人事档案作为机密文件，其利用必须在保证档案材料安全的前提下，为使用者提供便利优质的服务。具体要求如下：

（1）单位人事管理部门应根据有关规定指定专门查阅档案的工作人员及相关领导，分工、权限明确，未经组织授权人员无权查阅人事档案。

（2）指定详细的人事档案利用相关制度和章程，保证人事档案利用工作有章可循。

（3）因工作需要查阅或借用人事档案必须履行相关手续，档案出入库房及利用目的要做好详细记录。

（4）查阅人事档案的工作人员应严格履行工作职责，保护被查阅人的隐私。

（5）按照人事档案管理的有关规定，不允许本人查阅、借用自己和直系亲属的人事档案。

（二）人事档案利用的实施方式

1. 查阅

由人事管理部门指定的工作人员在履行查阅手续后，到档案管理部门提供的阅档处进行查阅。

2. 借阅

由于特殊需要外借人事档案时，应由人事管理部门指定的工作人员在履行借阅手续后，按要求封装好人事档案并借出，并按照约定的时间及时归还。

3. 出具证明材料

利用者需要人事档案中的某份材料作为凭证时，应由人事管理部门指定的工作人员在履行相应手续后，在档案管理部门的配合下复印、摘录相关内容。

八、人事档案的传递

人事档案的传递是指人事档案管理部门之间转出和接收人事档案的活动，如新员工入职、老员工退休、个别人员离职等。实际操作归为以下几种情况：

（1）人事档案属于机密材料，单位之间流转应通过邮局机要方式进行传递。如需本人自带应由人事部门进行封装并加盖印章，本人不得私自拆封；不允许公开进行邮寄。

（2）人事档案管理在管理部门间传递，应该履行相应交接手续，按照《干部人事档案目录》详细核对每份材料及未及时装订的散材料，做好交接清单。

在人事档案传递过程中，还应注意转出或接收的人事档案必须保持完整，不允许分批传递或部分留存。

✧ 应用方向

人事档案是记录一个人的主要经历、政治面貌、品德作风等个人情况的文件材料，是个人身份、学历、资历等方面的证据，起着凭证、依据和参考的作用，在个人转正定级、职称申报、办理养老保险等相关证明时都需用到，并与薪资待遇、社会劳动保障、组织关系紧密挂钩。

✧ 实践指导

一、人事档案管理中存在的问题

（一）对人事档案的重要性认识不足

1. 人事档案工作者对其认识不足

长期以来，大部分人对档案工作存在误区，对人事档案的认识度也不够深刻，因此在从事人事档案工作时只是做到了最基础的工作。对于补缺、更新等问题未及时处理，导致档案所有人不能正常地利用。

2. 人事档案所有者对其认识不足

由于高校或社会对于人事档案的普及力度不够，部分人对于人事档案的认识不够深刻、具体，对于档案内包括什么、如何使用或具体作用等方面并不了解，所以在档案出现问题时没有及时解决，从而在利用时出现了一系列问题。

（二）人事档案管理落后，管理水平低

随着档案逐渐数字化，需要用现代化的管理方式去管理这些档案。人事档案也是如此。有些用于管理人事档案工作的设备因资金投入不足而无法及时更新；有些人事档案的库房和档案室的防御手段仍停留在较低的水平上；管理相关系统的人员技能素质低下，无法及时维护系统的正常运行。以上这些问题都会导致利用者在需要时无法正常利用。

（三）人事档案信息开发利用程度低，未发挥应有作用

现单位人事档案利用工作大多是被动服务，只是等待领导及有关人员查阅，缺乏主动精神。而且利用材料多是政策、工资方面的，真正用于人才选拔、培养和开发方面的较少，没有发挥出人事档案应有的作用。

（四）人事档案材料内容存在片面、不真实的情况

在某些鉴定考核的材料中，多是千篇一律的赞扬语，缺点也只是一语概括，并且有些学历、时间、文化程度等信息前后不一致。这些不尊重事实的情况在人事档案中并不少见。

◇ 操作方法

一、如何鉴别人事档案材料的内容

（1）鉴别所收集的材料是否属于人事档案归档范围的材料，应当参照《干部人事档案工作条例》中规定十大类别执行。

（2）鉴别所收集人事档案材料是否属于同一对象，可以利用本单位人员排序的唯一标识进行标注，以免遇有重名时出现张冠李戴现象。

（3）鉴别归档材料是否为结论性的正式文件，主要鉴别是否有签发部门加盖的公章和结论性的文字，过程文件不予归档。

（4）查验归档文件的质量，主要看文件纸张大小、薄厚是否适合直接装订，内容字迹、印章是否清晰可辨。

二、怎样处理不符合要求的归档材料

（1）对于不属于人事档案归档范围的文件，应将其交由有关单位处理，或退还至本人。

（2）对于纸张大小或薄厚不适合直接装订的材料，应先进行修补后再进行归档。

（3）对于内容字迹、印章模糊不清的材料，应上报人事管理部门，联系文件形成单位进行更换。

三、对人事档案管理的建议

（1）开展对人事档案正确使用的宣传，引起各级领导的重视。建立健全人事档案管理制度，领导各部门及时掌握、深刻贯彻，自觉遵守人事档案管理规章制度。

（2）加强对人事档案管理的业务指导，逐步推进实行规范化管理。

（3）改革陈旧的管理方式和手段，逐步实现人事档案管理的科学化、现代化。在人事档案管理改革方面面临着诸多问题，需要加速转变领导观念、及时更新管理设备、建立完好的管理系统、加强对管理人员的专业培训。希望通过各方面改进，使人事档案管理进入新的时代。

✧ 图例（流程）

一、人事档案材料鉴别流程图

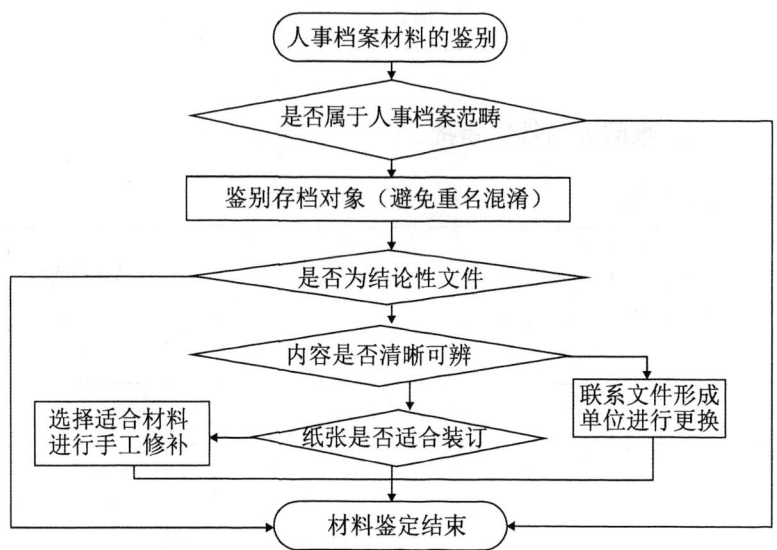

二、人事档案管理整理实际操作流程图

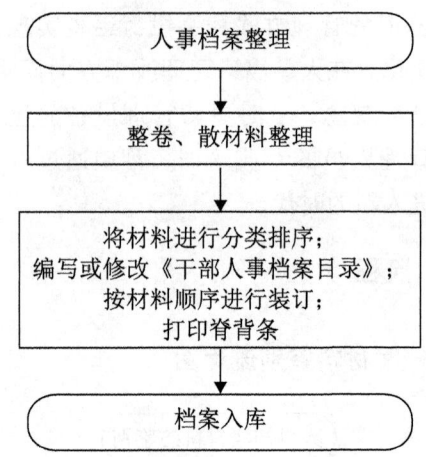

三、查阅人事档案审批表

填表日期： 年 月 日

项目＼内容	姓名	单位及职务	政治面貌
查阅人			
	姓名	单位及职务	政治面貌
被查阅人			

内容 项目	姓名	单位及职务	政治面貌
查阅内容	填写齐全需查阅的具体内容。如需摘录，须写明摘录要求并列出材料明细		
查阅单位 （部门）意见	由查阅单位（部门）的负责人签字同意并加盖公章 负责人意见： 负责人签字：　　　　　　　　　　　　（盖公章） 年　　月　　日		
人事处意见	由人事处负责人签字同意并加盖公章 负责人意见： 负责人签字：　　　　　　　　　　　　（盖公章） 年　　月　　日		
备　注			

说明：1. 此表可下载、可复印；

2. 此表用黑色签字笔填写，审批后由档案管理部门保存。

四、借阅人事档案审批表

填表日期： 年 月 日

内容 项目	姓名	单位及职务	政治面貌
借阅人			
被借阅人	姓名	单位及职务	政治面貌
借阅时间	填写齐全借阅档案的起止时间		
借阅单位 （部门）意见	由借阅单位（部门）的负责人签字同意并加盖公章 负责人意见： 负责人签字： （盖公章） 年 月 日		
人事处意见	由人事处负责人签字同意并加盖公章 负责人意见： 负责人签字： （盖公章） 年 月 日		
备 注			

说明：1. 此表可下载、可复印；

2. 此表用黑色签字笔填写，审批后由档案管理部门保存。

第十一章　学生档案管理

◇ 案例链接

张某是某高校专升本的一名学生，在专科时期入党，本科时期转正。他在毕业后进入私企工作，一直未留意自己的档案。工作多年后考入国企，在政审的时候发现自己在专科时期入党的材料有缺失。检查其本科毕业时候邮寄的学生档案，发现档案袋上的清单上党员材料一栏勾选的是"√"，但是里面只有本科阶段的党员材料；在专科材料一栏勾选的是"√"，但是里面没有党员材料。多方询问后仍未能找到，最后只能办理相关证明手续。

张某缺失的材料可能在几个环节出现遗漏：首先是专科毕业时没有将党员材料装入档案袋封存。其次，专科党员材料因为没有转正所以没有封存，而是单独通过张某交给本科党支部，而本科党支部在封存档案时出现遗漏。

学校在收取档案时需要认真查漏，不齐全的档案要标注清楚，及时追缴；毕业前档案整理的时候要仔细、负责，缺失档案的要告知毕业生；档案管理部门接受毕业生档案时要细心，发现问题及时告知存档人。做好前期的整理工作，如此能为学校和毕业生减少很多不必要的损失。

✧ 知识要点

一、高等学校学生档案

27 号令中指出：学生文件材料的归档范围主要包括高等学校培养的学历教育、学生的高中档案、入学登记表、体检表、学籍档案、奖惩记录、党团组织档案、毕业生登记表等。

二、学生档案的归档

学生部门负责学生档案的归档，按照归档要求，每年整理档案和立卷。立卷人应当按照纸质文件材料和电子文件材料的自然形成规律，对文件材料系统整理组卷，编制页号或者件号，制作卷内目录，交本部门负责档案工作的人员检查合格后向高校档案机构移交。所有手续都要有移交记录。学生部门应当在次学年 6 月底前归档。教务处、研究生院招生单位每年发放录取通知书等相关材料至学生原毕业或就业单位时，对于符合档案转入条件的考生，指定其单位将该学生档案寄送至学校相应录取院系进行政审。

三、学生档案的管理

按照立卷归档范围收集文件材料，原则上要求收集文件材料原件。请示件需有批复（口头批复的需记载批复结果），转发文件的附件需齐全。档案室设立专门负责管理学生档案的部门，专人负责学生档案的管理，主要业务有：学生在校期间档案的接收、档案整理、档案归档、查阅、转递业务；对学生档案进行统计分析业务；新生入学后对新接收档案进行详细核对业务。

四、学生档案管理的业务流程

学生档案管理的业务流程包括：新生档案接收，档案归档，档案整理，档案信息录入，档案查阅，档案异动，档案转递。

✧ 应用方向

一、学生档案的应用

新生档案在院系政审期间，各院系档案管理员负责审核本单位学生新生档案是否完整，督促本单位符合档案调入条件但未调入档案的新生同学及时办理档案转入手续。对于材料有缺失的，各院系档案管理员应主动联系新生原毕业或就业单位，补充缺失的档案材料。对于确实无法补齐的材料，由院系档案管理员出具一份具体情况说明，经院系学生档案工作负责人签字并加盖院系党组织公章后，归入新生档案。新生取得正式学籍后，院系学生档案管理员将新生档案移交学生档案室管理，交接学生档案时，按规定完成书面签收工作。

新生档案归入学生档案室后形成在校生档案，档案室工作人员负责在校生档案的保管、查阅和借阅工作。根据保密工作条例，学生档案室工作人员原则上不与学生本人接触，各院系或校外单位因需调阅在校生档案时，按规定须持相关单位介绍信或证明。

教务处、学生处等相关部门应将学生相应的奖励、处分、学籍变动等有关材料及时转交学院档案管理人员，存入学生个人档案；学生毕业期间，学生资助管理中心、校医院、招生就业处应及时将贷款学生还款确认书、毕业生体检表、就业通知书转交各学院档案管理人员，各院有关部门也应将本院毕业学生成绩单、团建材料、党建材料、大学毕业生登记表等材料转交本院档案管理人员，及时入档。

学生档案主要包括高等学校培养的学历教育学生的相关档案材料。学生升学至校外、退学、转学、肄业、毕业、就业等情况一经发生，档案管理部门应及时督促学生办理相关离校手续，督促学生向学生档案室提供档案接收单位信息，确认其档案接收单位是否具有机要收寄资格，避免拖延积压。

二、具体归档内容及介绍

根据国家、北京市相关政策规定，以及学生档案归档的时间节点，学生档案室按学生类型组织院系学生档案管理员进行工作培训，负责界定学生档案归档范围，并按年度修订《北京联合大学学生档案管理工作手册》。

新生档案在院系政审期间，各院系档案管理员负责审核本单位学生新生档案是否完整，督促本单位符合档案调入条件但未调入档案的新生同学及时办理档案转入手续。对于材料有缺失的，各院系档案管理员应主动联系新生原毕业或就业单位，补充缺失的档案材料。对于确实无法补齐的材料，由院系档案管理员出具一份具体情况说明，经院系学生档案工作负责人签字并加盖院系党组织公章后，归入新生档案。新生取得正式学籍后，院系学生档案管理员将新生档案移交学生档案室管理，交接学生档案时，按规定完成书面签收工作。

新生档案归入学生档案室后形成在校生档案，档案室工作人员负责在校生档案的保管、查阅和借阅工作。根据保密工作条例，学生档案室工作人员原则上不与学生本人接触，各院系或校外单位因需调阅在校生档案时，按规定须持相关单位介绍信或证明。

在校生发生转专业、复学、转学、结业、肄业、退学等学籍变动情况时，教务处、研究生院负责将"学籍更改信息"通知学生工作部。各院系确认学生"学籍更改信息"后，由学生档案管理员书面通知学生档案室，相关工作人员按规定完成书面签收工作。

学生在校期间在教务处、研究生院、学生工作部、组织部、校团委等单位生成的归档材料，由院系学生档案管理员负责核查、整理、归档。交接至学生档案室时，由档案室工作人员负责再次核查，双方工作人员按规定完成书面签收工作。各院系整理毕业生档案归档后，由学生档案室负责联系机要局，通过机要的方式转递档案，毕业生档案转递工作调档时间为每年的七月份至次年的六月份。

学生档案直接关系到人事档案的完整性和学生的切身利益。为使学校学生档案符合国家人事工作的要求，学生档案归档材料基本包括但不限于以下内容：

①各类登记表：高考报考表、学生登记表、高等学校毕业登记表、研究生报考登记表、毕业研究生登记表；

②鉴定类材料：研究生报考思想政治品德情况表、报考博士的专家推荐信（两封）、实习鉴定表；

③学习成绩材料：学生成绩汇总表、研究生课程学习成绩表；

④学位证明材料：学士学位证明书，研究生的学位申请书、答辩决议、学位授予决定书；

⑤党、团组织材料：入党、入团相关材料或可供组织参考的其他材料。学生党员入党材料归档流程详见《学生党员入党材料归档细则》（附件一）；

⑥奖励材料：国家级、省级和学校级等各类表彰所形成的

材料及登记表；

⑦处分类材料：学生工作部、教务处、研究生院提供的学生在校期间违反校规、校纪，触犯国家法律形成的书面处理意见；

⑧其他：免费师范生协议书（本科生）、因公出国（境）人员审查表、教师资格申请表、体检表、毕业生就业通知书、支教信息、参军入伍信息等；

⑨免费师范研究生的档案材料，仅含免费师范生在校期间生成的相关材料，具体由该生所在院系管理，毕业生档案材料的整理及转递工作由学生档案室提供指导。

三、学生档案工作的意义

学生档案是指本校在学生管理活动中形成的，记录和反映学生个人经历、德才能绩、学习和工作表现的以学生个人为单位集中保存起来以备查考的文字、表格及其他各种形式的历史记录。

学生档案系统是一个教育单位必不可少的组成部分，它对于学校的管理来说至关重要。学生档案关乎学生的切身利益，它是人事档案的前身，记载着个人学生时代的功过荣辱，是人生经历的重要组成部分。参加工作后还会不断产生新的人事档案材料，需要不断添加进去。档案材料只有一份并记录着很多珍贵的个人资料，一旦丢失，后果将很严重。学生毕业后的工作、学习、生活都要利用到人事档案，如职称评定、确认工龄、转正定级、政审、公证、婚育证明、家庭亲属关系证明等。现在，企事业单位招聘员工、国家公务员的选拔等都要审查档案，以档案里记载的相关信息作为甄选人才的重要依据。因此，学生档案工作意义就不言而喻，为了保障学生切身利益，提供查询服务、开具证明等有利于学生工作、学习、生活的相关管理工作亦日趋重要。

随着科学技术水平的不断提高，计算机应用日渐成熟，人工管理文件档案效率低、保密性差，对长时间产生的大量文件和数据，查找、更新和维护难度大。因此，使用计算机对学生档案信息进行管理，具有检索迅速、查找方便、可靠性高、存储量大、保密性好、寿命长、成本低等优点，能够极大地提高学生档案管理的效率，也是科学化、规范化管理的重要发展方向。

四、学生档案工作的目的

1. 保守档案机密

依照国家相关政策的要求，无论是社会保险制度还是与职称评定、政审等相关的手续要求，个人档案还是必不可少的一道重要环节。

2. 档案保管的主要任务

维护学生档案材料完整，防止材料损坏。

3. 便于档案材料的使用

保管与利用是紧密相连的，科学有序的保管是高效利用档案材料的前提和保证。

4. 有效的风险规避措施

在企业中很多时候当入职者有意回避档案关系的问题，或是无法给出合理解释的时候，这里面往往潜伏着很大的隐患，包括双重劳动关系、未完成的工作或培训协议、经济上的遗留问题或纠纷、重大工作或生活污点，以及与原单位的其他纠纷等。如果人力资源部门在管理流程中操作不当，很容易使这种隐患深植于企业机体当中，一旦问题爆发必定会给企业造成无可挽回的影响和损失。在大学建立学生档案可以避免使学生成为极不负责任和缺乏"信用"的求职者。

5. 档案管理对人力资源部门的要求

除了人才档案管理机构之外，有部分国有企业、事业单位可以直接管理员工档案。

对于这些可以直接管理员工档案的单位来说，除需要遵守国家关于档案管理的制度要求、人员要求和体制要求外，还须加强人力资源管理人员对档案管理的责任心与服务意识，除做到收集应当进入档案的材料，如转正定级手续、学历、职称材料、工资、职务材料等之外，还要做好档案利用工作，依据档案记载，向有关组织出具人事证明，并且按制度改进、整理档案、转递档案，同时在管理中保证档案的安全，不受人为的和自然的损害。

对于委托人才中心管理档案的企业，人力资源部门的工作人员主要是做好档案的利用工作，协助人才中心做好有关归纳材料的收集工作，包括员工的工作鉴定材料和突出的业绩档案材料等。当员工的劳动关系发生变化时要及时通知存档部门，终止或变更存档协议。

6. 个人资料信息库的管理

档案管理的最终目的是为了档案的利用。但是，把所谓的档案管理仅理解成个人的历史问题证明就有失偏颇了。

学生毕业后对于企业而言，真正的档案管理还包括建立起一套完整的员工个人资料信息库，这不仅是与人力资源企划和人力成本控制与分析相关的基础数据，同时也是应对紧急事件、人员背景情况、培训历史信息，以及个人成长数据等重要信息的来源。

五、学生档案的作用

证明个人学习经历的就是档案。档案里面有一个人各个时期的学籍卡、成绩单、各方面的评语、获奖证明，还有党团材料。而且这些材料都是原始材料，不可复制。

（一）养老金的领取

办理养老金领取的时候，要经过档案的审核，工龄、工资、待遇、职务、社保受保时间等都是以个人档案的记录为依据的。如退休时需要依据档案认定个人出生时间，从而确定退休时间；需要确定个人参加工作时间，从而确定开始缴费或视同缴费的时间，以计算养老金金额等一系列有关事项。除了养老金外，其他社会保险，如领取失业金等，也与个人档案相关。

（二）工作转正

大学毕业后，学生档案需要经过转正定级后，才能成为干部档案，才能正常调动，才能在未来领取养老金，未办这个手续，无法评职称，无法调动，这时，即使有了当公务员或进入事业单位、国企的机会，也无法办理相关手续。

（三）考研、考公务员、出国、升学、结婚、生育等相关证明的办理

考研、考公务员、出国、升学、结婚、生育等，这些事情都需要政府所属人才市场开具相关证明，没有档案无法办理这些证明。

（四）证明干部身份

虽然国家的发展趋势是取消干部与工人的身份区别，国家的相关政府部门——劳动部（管工人的）和人事部（管干部的）也已经合并，但目前大学毕业就有的干部身份还是会在当公务员、进事业单位及户口迁入北京、上海等大中型城市时起到作用。

六、学生党员入党材料归档细则

为规范、加强学校学生档案工作，确保学生入党材料的完

备和及时归档，特制订本细则。

（一）归档时间

学生转为正式党员或取消预备期资格后三个月内；学生办理毕业、结业、肄业、退学、转学等相关手续结束前。

（二）归档范围

学生递交入党申请后的所有关于培养、积极分子考察、发展、预备考察期间的材料（以下统称入党材料）。具体材料清单如下（按材料形成时间的先后）：

①入党申请书（附入党申请人登记表）；

②共青团"推优"对象审核表；

③入党积极分子登记表；

④入党积极分子培养考察表；

⑤北京市高校毕业生入党积极分子登记表（入党积极分子转出必备）；

⑥确定发展对象登记表（附入党征求意见座谈会记录等材料）；

⑦入党培训登记表（或结业证书复印件）；

⑧入党预审表（附本人自传、政审材料、政审报告、发展党员公示情况记录表等材料）；

⑨入党志愿书（严格按《入党志愿书》填写说明填写）；

⑩接收预备党员票决情况汇总表（或支部审批大会情况记录）；

⑪转正申请书；

⑫预备党员考察表；

⑬北京市高校毕业生预备党员在校期间党组织鉴定意见（预备党员转出必备）；

⑭预备党员转正票决情况汇总表（或支部审批大会情况记录）；

⑮对涉及重要情况的结论性、鉴定性的考察材料。

（三）归档要求

（1）所有材料 A4 纸大小、留足边距，文字须是铅印、胶印、油印或用蓝黑墨水、黑色墨水、墨汁书写。

（2）表格类材料编辑规范：正反打印，盖章材料在两页以上的应加盖骑缝章。

（3）所有材料应完整、齐全、真实，文字清楚、对象明确，有承办单位或个人署名，有形成材料的日期。每份材料、每个栏目的形成时间先后顺序要正确，有其他理由的应作出情况说明。

（4）填写责任人应形成意见并签名。

（5）相关决议、审批意见等要有负责人签名和党组织公章。

（6）进校前形成的入党材料如有缺失或不合规范，应在进校后半年内联系原单位补充或作相关情况说明。

（7）学生离校时完成档案整理后，用铅笔在入党材料封面的右上角标注学号。

（四）职责分工

（1）各院系党组织负责形成、管理学生入党材料，在归档时间内根据相关要求交由各院系档案管理员归档。

（2）档案管理员负责在归档时间内整理学生入党材料，并根据学生档案室相关规定进行归档。

◇ 实践指导

一、学生档案管理工作中存在的若干问题

（一）学生档案管理制度落实欠妥，大局思维有待提高

学校主要把教学档案、省市委教育文件档案、全校人事档案、后勤管理档案、工程施工报备档案和其他综合类档案作为

完善档案工作重点来抓。对于学生档案管理归档工作大部分没有明确的具体制度要求，仅仅是按照教学档案的要求进行归档、立卷、编著、分类。对于如何提升学生档案管理水平则没有与学生调阅诉求、第三方查阅方式有效结合。部分高校将学生档案信息的收集归档工作停留在学生的基本信息收集整理层面，例如家庭住址、父母单位以及特殊情况说明等。而对于学生每年实际发生奖罚惩戒的情况，日常操守评定等详尽信息则没有在学生档案信息记录中如实地体现出来，更有个别高校仅在学籍登记表中登记极少的个人信息，对于每学期发生各类奖罚情况，基本是空空如也、无迹可寻。类似事例的发生不仅仅是高校学生档案管理制度不明确不落实的写照，更是高校学生档案管理人员责任意识没有切实提高的反映，充分说明了高校学生档案管理人员欠缺对高校学生档案管理制度体系进行完善的大局思维。

（二）学生档案材料收集拖沓，归档整理有待规范

学生档案材料收集拖沓的主要原因是部分高校没有安排专职学生档案管理人员，缺乏对学生档案管理人员的统一培训。大部分高校虽然不断强化学生档案的重要性，但是在学生档案管理、跟踪、反馈数据信息方面还是存在着各类问题，诸多问题几乎难以及时修正，甚至视而不见。此类弊端的出现就容易造成学生档案材料收集拖沓、学生详细信息不够完善。高校学生档案管理工作者在学生档案归档整理过程中经常发现学生归档资料纸张大小与归档要求相差甚远、加盖印章明细不规范、学生填写信息笔迹潦草、用笔颜色各异、缺少学生本人和其他相关人员确认签字等。此类现象的发生反映出学生档案归档规范性和条理性需要大力提升，以免在日后查档、调阅过程中发生不必要的纠纷。

（三）学生档案管理人员服务意识有待提高，调档借阅查阅服务有待提升

由于部分高校学生档案管理人员缺编空岗，缺少专门负责收集归档学生档案材料的人员。在收集学生档案材料时，往往是服务意识欠缺，整理、分类、归档、立卷缺乏系统性，仅仅是按照班级装订入库，可以说是简单粗糙，对为学生提供高质量借阅查阅服务不佳。学生档案是学生在大学期间表现和奖惩的切实凭证，如果潦草带过，则会对学生的一生，尤其是毕业、升学、出国等方面产生不可小觑的影响。而对于上级教育机构考核本人的相关求学经历来说，考核工作的难度和压力可想而知。所以说，提高高校学生档案管理人员的服务意识，是提升学生档案借阅查阅服务质量的重要保障条件之一。

（四）部分高校学生档案管理人员缺乏专业档案

部分高校学生档案管理人员由于学校内部档案专业人才稀缺，一人要负责若干部门档案归档工作，工作难度大、工作负荷高、薪资水平低，在高校学生档案管理工作人员中流传着"苦活脏活一大堆，伸手干活两手黑"这样略带自嘲的词句。更有一小部分高校学生档案工作人员新老交替衔接不上，造成相关人员档案学科专业知识缺乏，先进档案信息化设备操作生疏，档案管理工作业务水平参差不齐。长此以往，学生档案管理工作中就难免会出现各类失误和疏漏，导致学生档案信息的安全可能存在极大的隐患。

（五）高校学生档案转送环节相对复杂，学生档案管理人员责任意识需要增强

过去高校学生毕业时，学生档案会随着学生的工作地点派送到当地的人事局或者学生生源地的人才管理中心保存。随着时代的发展，高校学生档案转送制度也进行多方面的改革，多

地人事档案管理制度相应进行调整，部分高校与地方人事档案管理部门进行协商，使学生档案可以直接派送到当地人才市场的人事档案管理部门，然后根据学生就业情况在转发至用人单位或者其他人事档案管理部门。随着转送学生档案环节的增多，在转送环节中出现学生档案丢失、折返的现象也逐渐增多，这就给学生调阅档案或开具相关学籍证明造成诸多不必要的麻烦，甚至因无法查找到相关学生档案中的学历学籍信息造成公务员政审考核落选的新闻也时常见诸报端。

二、学生档案管理程序

学生档案按新生档案、在校生档案、毕业生档案进行分阶段管理。新生入校三个月内，由院系负责政审相关材料，形成新生档案；新生取得正式学籍后，新生档案由院系转交学生档案室入库保管，形成在校生档案；学生毕业离校前，由院系档案管理员整理在校生档案，将各培养单位、职能部门出具的学生在校期间产生的档案材料进行归档，与学生档案室工作人员交接入库，形成毕业生档案；转学、退学、结业、肄业的学生，其档案参照毕业生档案进行管理。

三、归档要求及时间、手续

（1）学院学生档案管理部门要按照归档范围及要求，将应归档的材料收集齐全、完整。

（2）凡需归档的材料，一律用蓝黑色钢笔（或签字笔）填写，严禁使用纯蓝钢笔、圆珠笔填写或复写，以利于档案的保存与使用。

（3）新生档案材料在新生入学 3 个月之内由各院辅导员、班主任负责收齐后按一定程序转交给该院档案管理人员，履行严格交接手续。

（4）教务处、学生处等相关部门应将学生相应的奖励、处分、学籍变动等有关材料及时转交学院档案管理人员，存入学生个人档案。

（5）在校内跨专业、跨院系转学的学生，学籍管理部门应当在学生学籍变更后，及时将学生学籍变更通知书送达有关院系；有关院系在接到学生学籍变更通知书后，应及时开具证明，并前往学务部重新编号整理存档。

（6）转到其他学校学习的学生，有关院系应当在接到学生转学通知后及时开具证明，在学务部办理学生档案转递，填写《档案转递单》，按规定寄发或送交。通过机要邮局寄发的，自寄发之日起1个月未收到回执者，学务部应与档案接收单位联系，加以确认。

（7）由其他学校转入我校的学生，有关院系在收到学生档案后要认真检查验收，经核对无误后及时将回执寄回对方，并持相关证明前来学务部存档。

（8）毕业生档案的转递工作，由就业指导服务中心按有关规定组织实施。

（9）申请自费出国或主动申请退学的学生，其档案由学校征求学生本人意见后，按规定寄送至有关单位代管。

（10）受退学、开除学籍处分的学生，其档案由学校寄送至学生家庭所在地人事部门管理。

（11）当年未报到入学的本科生新生，其档案由学校转回生源所在地招生部门。

（12）因故失踪、死亡的学生，或因学生出国等其他原因导致档案无法转递而滞留的，为其保管档案两年，两年后转寄回学生生源所在地。

（13）学生毕业期间，学生资助管理中心、校医院、招生就业处应及时将贷款学生还款确认书、毕业生体检表、就业通知书转交各学院档案管理人员，各院有关部门也应将本院毕业学生成绩单、团建材料、党建材料、大学毕业生登记表等材料转交本院档案管理人员，及时入档。

（14）毕业生离校前和学生退学前，各学院须在教务处、学生处的指导下，整理好毕业生和退学学生的档案，做好装档密封及转递工作。档案材料应在学生被派遣前由学院学生档案管理人员做好档案的整理、归档工作。

四、学生档案的保管

各院（部）必须指定专人负责管理学生档案，建立本院学生档案管理制度，对接收的学生档案和相关材料要及时进行整理、归档，要严格执行安全和保密制度，不得随意堆放，严防档案的毁损、失散和泄密，做好档案的防火、防盗、防鼠虫、防尘、防光、防潮工作。

◇ 操作方法

一、新生档案接收业务

接收新生档案的准备工作一般在新生注册报到之前就开始了。第一步，教务部门从招办获得新生入学信息表，将该信息表导入到教务系统中，待新生登记入学后，按照班级划分导出已入学新生信息，并发给学生部门和档案管理员。第二步，档案管理员从教务处招生办获取录取的新生名单，制作班级新生表并打印，以备在接收新生档案时进行核对。第三步，收到档案管理员通知后，学生部门对新入学学生进行档案催交，在收到的档案上标注学生信息，填写档案移交明细表，将档案上交给保存学生档案的档案管理员。第四步，学生部门登记未交档案学生名单表，并对未交档案学生进行催交，并及时将信息反馈给档案管理员。第五步，负责管理学生档案的档案管理员对接收档案及档案明细表进行审核，将接收的学生档案按照班级划分，编号归档。

二、档案归档业务

第一步，学生部门提交学生档案；第二步，学生部门和教务部门领导对归档材料进行审核；第三步，档案管理员收集应归档的档案材料，并对材料进行初审，整理后归档。

三、档案整理业务

档案管理员按照归档材料保管期限对档案进行分类，编制页码，对档案文件进行装订、排序，编写目录，对档案进行编号，编制检索文档，将档案装盒上架。

四、档案信息录入

档案管理员确定录入档案名单，按照班级划分、发送录入名单，对录入信息汇总审核，对录入信息进行归档。

五、档案查阅

首先，查阅人提交查阅申请，经过学生部门审核，学工处领导签字盖章通过后，查阅人到档案室进行查阅操作。其次，档案管理部门接收查阅申请，对查阅申请备案，对档案进行查阅。

六、档案异动

档案管理员接收教务处学籍异动表，制作生成学生档案异动表，获得档案转递所需要的学生信息，提档，获得档案编号，获得机要编号，获得档案寄发地址，进行档案转递，对无法从辅导员和学生处获得档案寄发地址的情况，考虑通过其他途径获取。

七、档案转递

首先，获取学生档案转递地址，并填写转递地址表。其次，档案管理员从教务处获得毕业生名单，制作生成毕业生转递表，发送班级档案转递通知单给班级辅导员，并将档案转递地址表汇总，查询需要转递的档案，查询到档案后对该档案进行提档，根据获取的档案编号、档案机要编号、学生信息、档案寄发地址填写档案转递单，最后进行档案转递。

因公出国攻读学位的毕业生档案，根据教育部的有关规定，可保留在学生档案室，由教务处、研究生院开具《北京联合大学因公暂时存档证明》。如无需暂存档案，学生本人须提供档案接收单位信息，交由学生档案室将其档案转出，一般将其档案转至"教育部留学服务中心留学人员档案室"或"户籍所在地的人力资源和社保局（或人才交流中心）"委托保管。

因私出国的毕业生，由院系学生档案管理员督促该生提供档案接收单位信息，由学生档案室将其档案转出。

◇ 图例（流程）

一、新生档案接收业务流程图

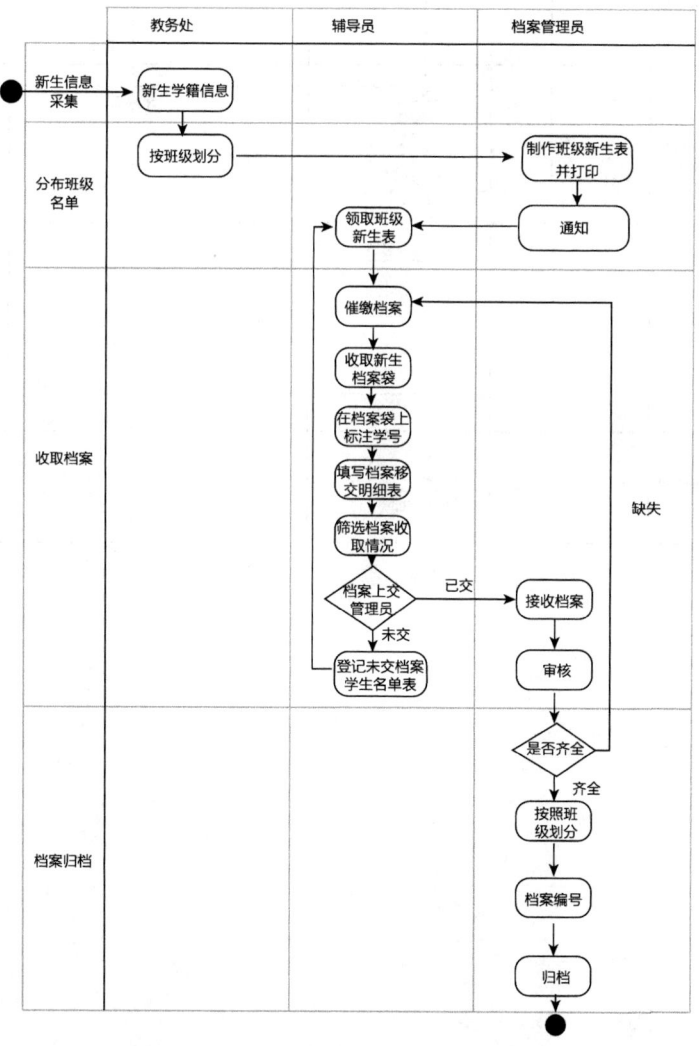

二、档案归档业务流程图

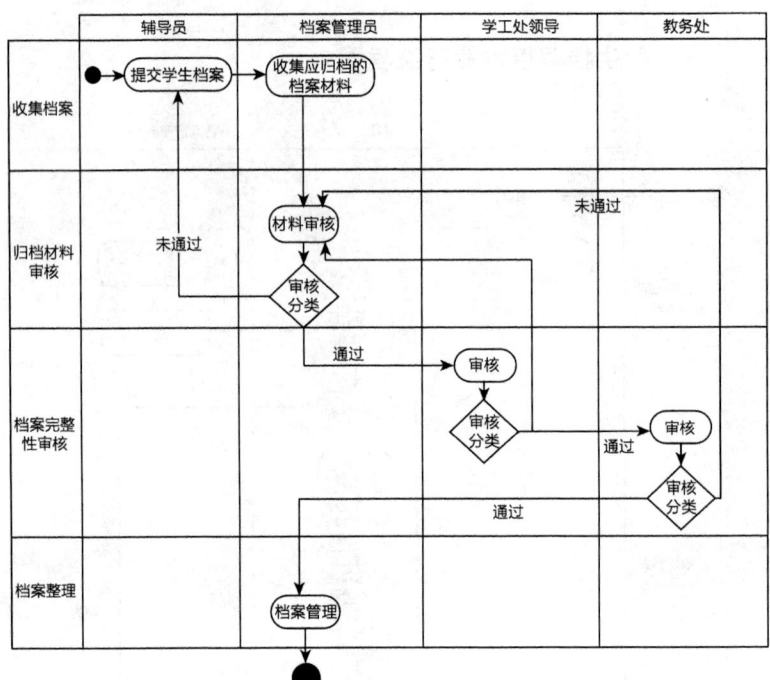

三、档案整理业务流程图

四、档案信息录入业务流程图

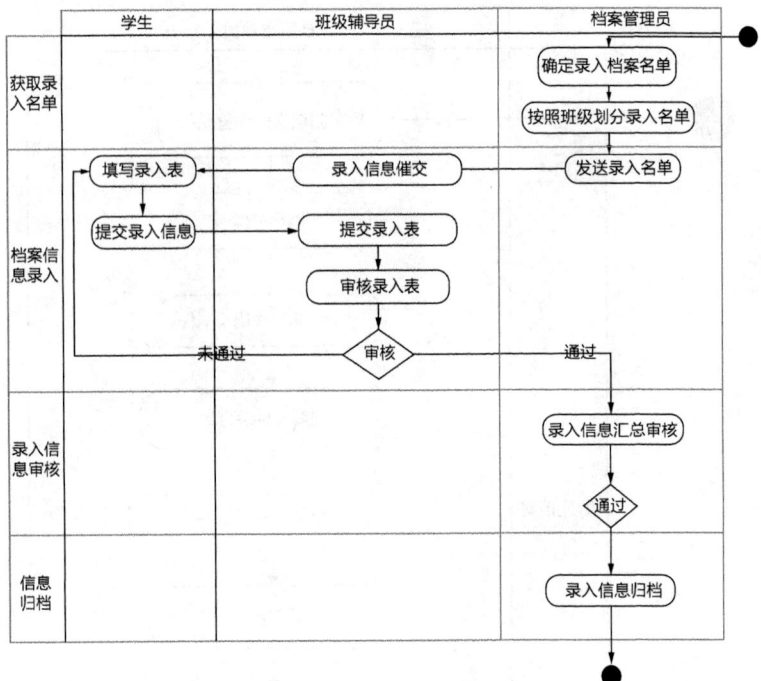

五、档案查阅业务流程图

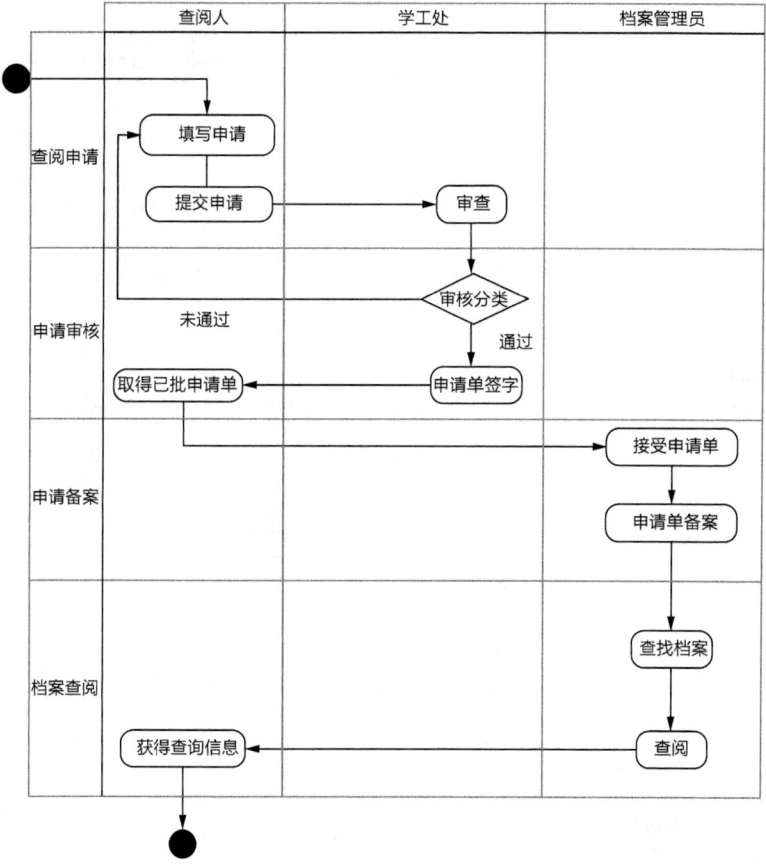

六、档案异动业务流程图

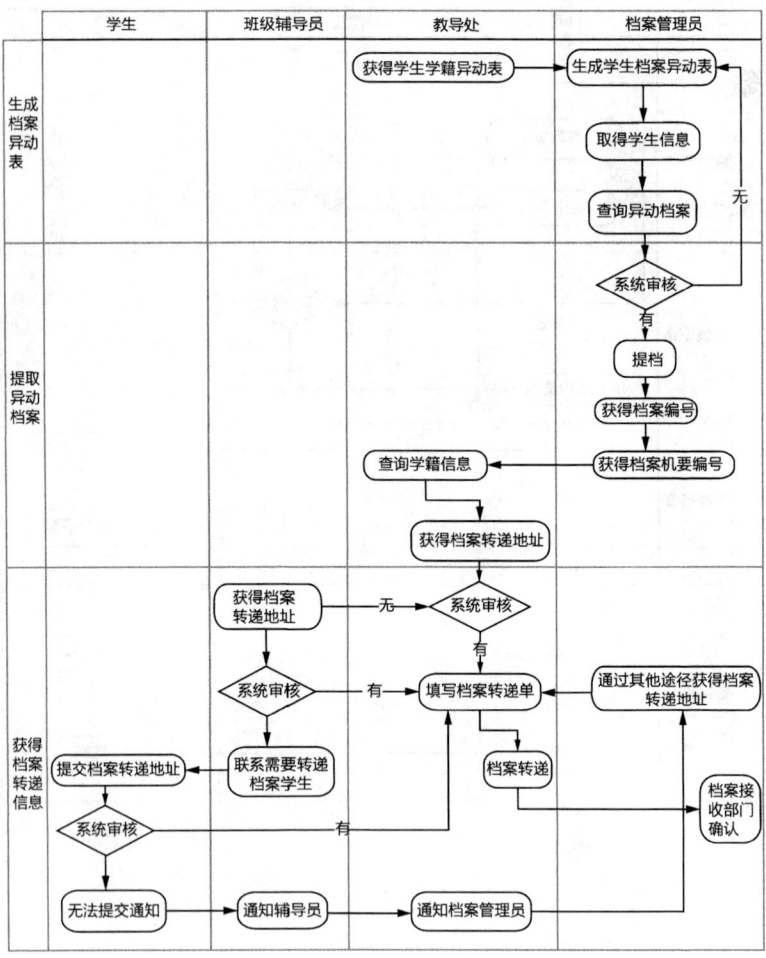

	学生	班级辅导员	教导处	档案管理员
生成档案异动表			获得学生学籍异动表	生成学生档案异动表
				取得学生信息
				查询异动档案
提取异动档案				系统审核
				提档
				获得档案编号
			查询学籍信息	获得档案机要编号
			获得档案转递地址	
获得档案转递信息	获得档案转递地址		系统审核	
		系统审核	填写档案转递单	通过其他途径获得档案转递地址
	提交档案转递地址	联系需要转递档案学生	档案转递	档案接收部门确认
	系统审核			
	无法提交通知	通知辅导员	通知档案管理员	

七、毕业生档案转递业务流程图

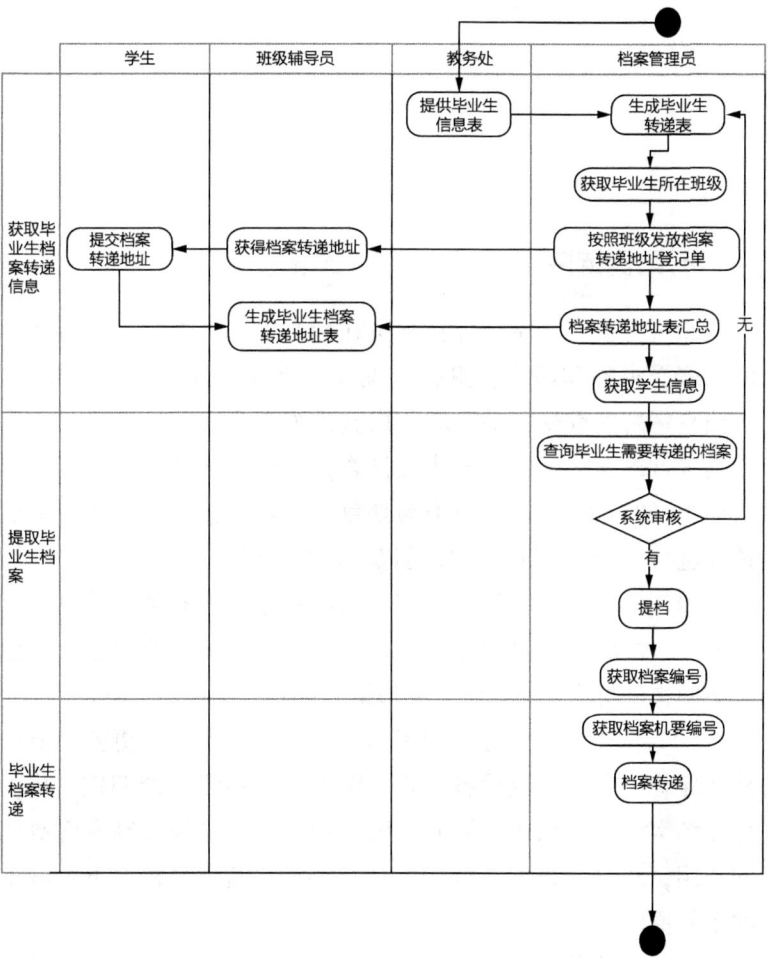

第十二章 保护与修复

❖ 案例链接

2004 年 9 月，某单位档案室在档案检查工作中发现档案大面积遭受虫蛀和污染，虫害情况比较严重。发现虫害情况后，该档案室高度重视，采取应急措施冷冻杀虫，并对库房的所有档案进行逐盒逐卷的全面清点检查，经检查发现已生虫档案占全部档案的 60%，害虫种类为烟草甲。该档案室对出现虫害的情况进行了分析，认为主要是以下几个原因：

（1）一直以来，该档案室在接收档案时没有消毒杀虫就直接入库，由此带来虫害隐患；档案卷盒用材不符合要求；个别档案的文件材料是草板纸、毛边纸，都是易生虫的材质。

（2）由于档案业务经费紧缺，没有及时购置和更新必要的档案保管设备，空调设备老化，影响库房温湿度的调控，从而导致档案害虫的滋生。同时，因经费紧张，曾经限制库房空调的使用，2003 年以前空调的使用率很低，这也是档案害虫滋生的重要原因。

（3）库房的排气扇抽出的风直接排放到走廊，达不到通风透气的效果；库房地板为水磨石板，吸水性强，湿度大，灰尘大，且不易于清洗。

（4）库房的老一套管理方式为害虫的滋生提供了条件，工作人员入库不更衣、不换鞋；平时疏于清扫地面，灰尘较多；每年两到三次用水冲洗地板，水磨石地板吸水大的特点更增加了库房湿度。

（5）长期以来库房走廊堆满箱柜，走廊通道中空气流通不畅，不利于档案的安全保管。

针对这些问题，该档案室采取了相应措施进行整改，同时也对虫害中受损严重的档案进行了修复抢救。自此以后，该档案室未再发生虫害，档案的安全得到了保障。

◇ 知识要点

一、档案损坏原因

首先了解一下什么是档案制成材料。档案制成材料是承受并反映档案内容的物质材料，它由承受档案内容的载体材料和反映档案内容的记录材料组成。

档案制成材料多种多样：古代甲骨档案的制成材料是龟甲和兽骨，简帛档案的制成材料是竹子、木板和丝织品，纸质档案的制成材料是纸张和书写材料，随着科技发展，又出现了音像档案和电子档案等。

档案制成材料的变化的两种情况：一种是宏观变化，如火烧、水淹、发霉、虫蛀、鼠咬等，这是看得见摸得着的。另一种是微观变化，如纸张的老化、字迹褪变等。

档案制成材料损坏的原因主要有以下两个方面：

（1）内因。即档案制成材料的耐久性差。档案制成材料的质量好，耐久性就好，档案的寿命也就长；质量差，耐久性就差，档案的寿命就短。

（2）外因。即保管保护档案的自然的、社会的环境与条件。

在不适宜的温度、湿度、光线、水、火灾、灰尘污染、磁场、机械磨损和有害气体（SO_2、H_2S_1、NO_2）以及害虫、霉菌等环境影响下，档案的寿命就会明显缩短。

不适宜的温度、湿度，有害的昆虫、霉菌、光线、气体和火灾、水灾等都是损坏档案的自然因素。还有一些社会因素，如战争、人为的撕毁、剪裁、盗窃等也会造成档案制成材料的损坏。

内因是档案能否长期保存的决定因素，外因是加速或减缓档案制成材料损坏过程的重要因素。

档案一经形成，档案制成材料的优劣已经很难改变，这时外因往往起决定性作用，保管条件是否适宜将直接关系到档案制成材料的寿命长短。

二、保护档案的对策

必须贯彻执行"以防为主、防治结合"或"积极防治、综合治理"的方针。

科学保护档案的技术方法可分为两种情况：

（1）预防档案损坏。也就是说尽量防止和减少各种外界因素对档案的破坏。例如：防潮湿、防高温、防火、防水、防尘、防光、防虫、防霉、防有害气体、防机械磨损等。

（2）治理已被损坏的档案使其不再继续被损坏。例如：恢复档案的机械强度（修裱、加固）、恢复字迹、去污、加固、修裱、复制以及杀虫、消毒等。

在档案保护技术工作中，必须贯彻"以防为主、防治结合"的方针。防是档案保护最积极的措施。只有抓住"防"，才能抓住档案的保护的根本，才能减少"治"的任务，保护档案的安全与完整。如果档案有了"毛病"，即使把它治好了，也还是一份有"毛病"的档案，完全恢复其原貌是不可能的。因此，不断改善档案的保护条件是档案保护工作的首要任务。当然，"治"也非常重要，不治，损坏的档案就不好利用，而且，损坏情况还会继续蔓延，以至于无法挽救。由于档案材料不会永远不损坏，所以，"治"的任务是永远存在的。

因此，"防"和"治"是档案保护工作不可缺少的两个方面，不仅要注意"防"，同时也要注意"治"，必须贯彻"以防为主，防治结合"的方针。

三、温度对档案的影响

温度主要通过两方面途径影响档案制成材料：

第一，它可以促使档案制成材料大分子转变；

第二，它可以改变化学反应活化能，发生氧化、水解等多种反应，各种反应能否发生以及发生的程度取决于参加反应的物质的活化能的大小。

（一）高温

一般来说，档案库房温度在 30°C 以上就属于高温。高温对档案耐久性的影响包括以下几个方面：

（1）加速各种有害化学物质、有害生物因子对档案载体的破坏作用。

（2）高温促进字迹材料及声像档案影像分解。

（二）低温

原则上讲，低温有利于档案的保管。但是，这并不意味着温度越低越好。在确保低温保存档案时，必须坚持一条原则：温度不得低于纸张等载体材料中的水结冰时的温度。

四、湿度对档案的影响

（一）高湿

一般相对湿度高于70%的湿度环境称为高湿。高湿有利于有害生物的生长和繁殖、加快各种有害化学杂质对档案材料的破坏。主要表现为：

（1）加速了档案载体强度的破坏。

（2）使耐水性差的字迹洇化褪色。

（二）低湿

通常把低于50%的湿度环境称为低湿。当环境湿度太低时，档案制成材料所含的水分向外蒸发，不能维持其正常的含水量，使得档案制成材料变硬、变脆，柔性下降，纸张机械强度降低。

五、档案库房温湿度标准

（一）纸质档案库房的温湿度要求：温度为14°C—24°C；相对湿度为45%—60%。

（二）特殊档案库房的温湿度要求：

（1）特藏库：温度为14°C—20°C；相对湿度为45%—55%。

（2）音像磁带库：温度为14°C—24°C；相对湿度为40%—60%。

（3）胶片库：拷贝片温度为14°C—24°C；相对湿度为40%—60%。母片温度为13°C—15°C；相对湿度为35%—45%。

六、档案库房温湿度的调节与控制

（一）密闭

（二）通风

1. 通风方式

（1）自然通风（温压、风压）。

（2）机械通风。

2. 通风原则

（1）调节库内温度的原则。升温（T外>T内，可通风）；降温（T外<T内，可通风）。

（2）调节库内湿度的原则。通风降湿总原则：Z外<Z内，可通风。具体情况如下：

①T外<T内，Z外<Z内；

②T外<T内，Z外=Z内；

③T外=T内，Z外<Z内；

④T外<T内，Z外>Z内；T外>T内，Z外<Z内。

3. 通风注意事项

（1）进行通风时，要随时观察库内温湿度的变化。

（2）与密闭等控制手段相结合，以保证通风的效果。

（3）通风还可以调节库内空气的流速、空气洁净度、有害气体的浓度。

（4）通风时应注意防虫防鼠。

（5）库内外温差较大或梅雨时节 、库外温度低于库内露点温度1℃—2℃时，不宜进行通风，以防库内产生结露现象。

（三）其他方法

1. 增温方法

（1）光管式空气加热器。

（2）肋片式空气加热器。

（3）电空气加热器：管状电空气加热器；裸线式电空气加热器。

2. 降温方法

（1）喷水室。

（2）水冷式表面冷却器。

（3）直接蒸发器。

3. 增湿方法

（1）蒸发加湿：压缩空气喷雾装置；电动喷雾机；自然蒸发。

（2）喷蒸气加湿：蒸气喷管；电加湿器。

4. 降湿方法

（1）制冷去湿机。

（2）吸湿剂：硅胶、活性炭、氯化钙等。

七、档案修复原则

（一）有利于延长档案寿命

档案修复的目的是为了更好地保管档案，实现档案价值，因此，档案修复应符合档案保存的要求，以最大限度地延长档案寿命为首要原则，修复过程中所采取的任何技术手段都应与此原则相适应。

（二）尽量保持档案原貌

档案原貌是指档案修复前的状况。进一步说，档案的原貌是档案在修复前本身就具有并在保管利用过程中由于不同程度老化或损坏而呈现的信息价值的状况。为了尽可能地保持档案原貌，要求在修复工作中仅使残破部分得到修复，绝不使其他部分的现有状况产生任何形态上的改变，不损坏档案任何有价值的历史痕迹，不允许在修复过程中人为增减和再创造。

（三）试验先行

由于档案制成材料不同，保存环境复杂，损毁情况各异，因此修复材料和方法也不尽相同。这就要求在制订修复方案时，要对整个修复过程作全盘考虑，仔细推敲各个环节，认真筛选技术方法，实施前应当进行必要的试验，尽量避免二次损坏档案。

八、档案修复方法

（一）纸质档案修复方法

1. 去污清洁技术

纸质档案在保存和利用过程中，有时会沾上泥斑、油斑或霉斑等污渍。去污要根据污渍种类、纸张和字迹性质，采取不同的处理方法。处理中要求药剂浓度适宜，防止污渍扩散，处理后档案中不应残留有害物质。主要的去污斑的方法有干法去污、湿法去污（即溶剂去污）和氧化去污。

2. 去酸技术

酸能促使纸张中的纤维水解，使纸张发黄变脆，影响纸张的耐久性。为延续档案寿命，必须对纸质档案去酸。纸质档案去酸的实质是用碱性化学物质中和纸质档案中的氢离子，以提高纸张的 pH 值，减少氢离子催化纸质档案中纤维素水解反应的能力。可以采取液相去酸法和气相去酸法。

3. 加固技术

档案在不适宜的温湿度、光、有害气体、有害生物等环境影响下耐久性差的字迹会逐渐褪色、扩散，有的纸张强度会下降。因此需要采用加固技术提高档案制成材料的耐久性。主要的方法有用保护剂、塑料膜或丝网加固的物理加固和通过派拉纶成膜和辐照加固的化学加固。

4. 修补和托裱技术

修补和托裱是利用浆糊做粘合剂，用手工的方法把选定的纸张"补"或"托裱"在档案上，以恢复或增加档案的强度和耐久性。修补适用于纸张强度尚好但局部有残缺需要进行小修小补的档案，而托裱属于大修，对象为损坏较为严重的档案。

5. 修整和装订技术

档案修整是将修补、托裱后的档案除去多余补纸及托纸余边并进行平整、折页、裁切等一系列处理。装订是指将零散或拆散后修裱的档案装订，加工成件、册、页、卷、轴等形式的工艺技术。

6. 纸质档案字迹显示与恢复技术

在各种因素的影响下，纸张档案字迹会发生扩散、褪色或被污斑遮盖等现象，从而影响档案的利用。目前主要有物理法显示字迹和化学法恢复字迹。物理法显示字迹是利用摄影或计算机技术，将字迹显示在胶片或显示器上，也可转换到其他介质上。该方法不易损坏档案原件，但原件字迹并未恢复。化学恢复字迹法是利用化学物质与褪色字迹发生化学反应，在原件上使字迹恢复。此方法一旦失败，字迹将会完全消失。

（二）胶片档案修复方法

1. 去尘

胶片档案去污可用羊毫笔或其他软笔扫下灰尘，也可用棉花球蘸酒精轻擦，还可用流动清水将胶片冲洗干净后晾干。但注意不能用棉花干擦，否则灰尘会划伤胶片上的乳剂膜。

2. 去污

和纸质档案一样，胶片档案的污斑也分为很多种。有指纹及其他油脂斑、红蓝墨水斑、霉斑和黑斑等。每一种污斑都有相应的处理方法，要根据污渍的具体情况选择使用的方法。

3. 消除划伤、折痕

（1）片基是胶片的支撑体，任何操作都会使片基与机械齿轮直接接触造成划痕。主要的修复方法有溶解法、涂膜修复法和保护膜法三种。

（2）乳剂层划伤的原因有很多，例如空气中的灰尘或手的触摸都有可能留下划痕。常用的修复方法有清水浸泡、溶液浸泡、显影液浸泡、乳剂层修复液。

（3）胶片折伤后，在其折伤处往往沾有灰尘，久而久之影响照片画面。可以将胶片用清水冲洗至乳剂膜松软后放入显影液浸泡，随后放入冰醋酸溶液中浸一下，再用清水漂洗便可。

4. 恢复褪色黑白影像

黑白影像由金属银颗粒组成，在光、氧、水分等因素的影响下，引起化学变化，生成浅色的银类化合物而使影像褪色。可采用卤化再显影法和硫脲自射线照相法恢复影像。

（三）磁性载体档案修复方法

1. 去除污斑

磁带上若有污斑，可用无毛的布沾上四氯化碳、氟利昂等有机溶剂去除。但要注意不能用棉花或普通纸擦拭，以防绒毛粘在磁带上。另外，操作要在通风橱中进行。

2. 磁带的剪接

在长期使用的过程中，磁带会出现断裂、磁粉脱落等现象，需要用磁带切割机进行机械剪切，也可以用剃须刀或防磁剪刀进行人工剪切。剪去损坏部分后用胶纸、接带液粘接。粘接时，磁带之间不能重合，不同磁带不能粘接在一起。

3. 减弱、消除细带的复印效应

磁带一旦产生复印效应可通过以下几种措施消除、减弱：

（1）让磁带在一根磁性很弱的磁棒上通过，可使复印效应减弱。

（2）让磁带在记录器上运转，但要断开抹音开头，并在记录器磁带头上通以很低的偏磁电流。

（3）将磁带经常倒带，可打断复印效应。

（4）将磁带放在低温处，可减弱复印效应。

九、纸张的老化

（一）老化的概念

纸张老化是指在环境因素的作用下，纸张的主要化学成分发生不可逆的化学变化，从而使纸张性能下降的过程。老化是不可逆的化学变化过程。纸张的主要化学成分是纤维素、半纤维素和木素，纸张老化主要指它们三者在酸、光、氧、水分、温度、霉菌和空气中有害物等因素作用下发生化学变化的情况。纸张老化后，微观上的表现是纤维素、半纤维素和木素的化学结构发生变化。宏观上的表现就是纸张发黄和强度下降，甚至变成易碎的粉末状物质。纸张老化后，纸张的各种性能会随之改变，老化到一定程度就无法利用，档案就会失去使用价值。

（二）老化的原因

纸张老化的原因可分为两方面：一是纸张的内部原因，即纸张主要成分存在老化的可能性以及纸张内部存在着促进纸张老化的不利因素；二是外部原因，即外界环境因素作用于纸张，加速纸张的老化。

1. 老化的内部原因

一方面是由于纸张主要成分发生化学变化引起老化。纸张的主要化学成分是纤维素、半纤维素和木素。纤维素的分子结构决定了纤维素能与水、氧化剂等物质发生水解、氧化和光解等化学反应；半纤维素同样可以发生水解、氧化和光解等化学反应；木素容易发生氧化和光解反应。因此，任何植物纤维纸张都可能发生老化。而在外界条件相同的条件下，木素含量高的纸张老化速度快，而纤维素含量高、木素含量低的纸张老化速度慢。另一方面是由于纸张内部存在的有害物质引起老化。纸张生产过程中会在纸张内部形成一定的有害物质，如制浆过程中残留的酸、漂白过程中残留的氧化剂、施胶过程中酸性施胶时加入的明矾、造纸用水带来的酸性、整个制浆造纸过程中带来的金属离子等，这些有害物质都会加速纸张的老化。

2. 老化的外部原因

老化的外部原因即外界的环境因素，主要包括温湿度、光线、酸、氧化剂和微生物等因素。这些因素会引起或加速纸张主要成分发生水解、氧化和光解反应，即引起或加速纸张的老化。

纸张老化实际上是在内外因素的综合作用下，纸张的主要成分纤维素、半纤维素以及木素发生多种化学反应的结果。了解纸张老化的原因，就能采取相应的措施来延缓其老化，从而延长档案纸张的寿命。

（三）人工老化试验

不同的档案纸张其老化速度是各不相同的，老化速度的快慢一方面与外界环境条件有关，同时也取决于纸张本身的性能，即纸张本身的耐久性。基于上述原理，如果在一定的环境条件下对不同纸张进行人工老化试验，就能测试纸张耐久性的好坏。

人工老化试验的方法很多，有干热老化试验、光老化试验、湿热老化试验和全气候老化试验等方法。研究和实践证明，纸张在 105℃±2℃ 的条件下，老化时间 72 小时，相当于自然条件（自然室温）下保存 25 年。目前，这种干热老化试验方法已被世界许多国家广泛采用。我国也采用这一方法进行人工老化试验。根据人工老化试验，可判断纸张耐久性的好坏，并可推算出纸张的预期寿命。

十、档案修裱的原则

（一）有利于档案制成材料耐久性

档案是历史的真实记录，起着凭证和参考作用，需要长期或永久保存。因此要求在修裱过程中所采用的技术方法，不仅要在短时期内能改善档案制成材料的状况，而且要长期有利于档案制成材料的耐久性。选用修裱材料时应注意其是否具有增强档案强度、延长档案寿命的特性，凡是不稳定的、有副作用的，甚至先于档案原件老化的材料，都应该被排除。

（二）尽量保持档案原貌

档案的凭证作用要求修裱工作不仅要保持内容的完整，而且不能损坏档案上的历史痕迹。修裱档案时要求仅针对档案损坏部分进行修复，而对未损坏部分保持原样，包括不丢掉片纸只字，做到"整旧如旧""最小干预""材料和措施可逆"以及"最大限度保存档案历史信息"。即不凭主观臆测随意拼对字迹，不在档案页面上进行"斩挖"，不在档案正面裸刷，不造成字迹、栏格扩散，不损坏档案上的一切历史痕迹和标记。

（三）具有可逆性

可逆性是指档案在修裱后可通过揭裱恢复到原来的状态，即修裱措施是可重复的，修裱材料是可逆的，要求修裱粘合剂具有能粘能揭、互为逆转的性能，以及选择耐湿强度大的修裱用纸，为档案今后的再处理留有空间。

✧ 应用方向

档案修复是对已损坏或有不利于永久保存因素的档案材料进行处理，以恢复其原来面貌、提高其耐久性的技术。

✧ 实践指导

一、测定档案耐久性

（一）项目任务

测定纸质档案耐久性。

（二）项目目标

（1）了解纸质档案加速老化的原理。

（2）熟悉档案纸张性能指标和字迹材料颜色表色系统。

（3）掌握纸质档案耐久性测试方法。

（三）项目素材

现有新闻纸、宣纸、书写纸三种档案纸张和黑墨水、蓝黑墨水、蓝墨水、红墨水四种字迹材料，以及鼓风干燥恒温箱、ZLDW-B 型卧式电子拉力试验机、ZZD-135A 型 MIT 耐折度测定仪、YQ-Z-48A 型白度颜色测定仪、切纸机等仪器设备，请在现有条件基础上制定档案纸张和字迹材料的耐久性测试方案，并测定其耐久性。

（四）参考方案

选择干热老化实验测定纸质档案耐久性。干热老化实验处理条件为 105℃±2℃，处理时间为 72 小时，相当于纸质档案在自然条件（自然室温）下保存 25 年。纸张耐久性选择测试抗张强度、耐折度两项机械性能指标，字迹材料耐久性选择测试色差值（△E），具体步骤如下：

①准备抗张强度测试试样、耐折度测试试样、字迹材料色差测试试样，用切纸机裁切试样；

②测试干热老化前每种纸张纵向和横向的抗张强度和耐折度，每种字迹材料的颜色值，用 ZLDW-B 型卧式电子拉力试验机测量抗张强度，ZZD-135A 型 MIT 耐折度测定仪测量耐折度，YQ-Z-48A 型白度颜色测定仪测量颜色值；

③将准备好用于干热老化处理的纸张试样和字迹材料试样放入 105±2℃的鼓风干燥恒温箱中人工老化处理 72 小时；

④测试干热老化后每种纸张纵向和横向的抗张强度和耐折度，每种字迹材料的颜色值；

⑤对实验数据进行处理，计算在干热老化前后每种纸张纵、横向抗张强度和耐折度的损失率，以及每种字迹材料的色差值（△E），分析判断三种档案纸张和四种档案字迹材料耐久性的好坏，撰写项目报告。

二、档案修裱

（一）项目任务

对破损纸质档案进行修裱。

（二）项目目标

（1）了解档案修裱的原则。

（2）掌握破损纸质档案修裱的技术方法。

（三）项目素材

（1）破损纸质档案。

（2）修复台、绷子、裁刀、切纸机、棕刷、排刷、毛笔、起子、镊子、毛巾、吸水纸、宣纸、喷水壶等。

（3）小麦淀粉、物理天平、量杯、搅拌棒、电磁炉、烧水壶、浆糊盆等。

（四）参考方案

破损纸质档案状况：该份档案纸张薄脆，有1个直径约1厘米的洞，整体比较完整，能用手提起来，字迹材料为黑色油墨，不溶于水。

处理方法：

（1）采用湿托进行修裱，修裱过程中需要补洞。

（2）小麦淀粉浆糊调配为稀米汤状态，不能过稠。

◇ 操作方法

一、ZLDW-B 型卧式电子拉力试验机、ZZD-135A 型 MIT 耐折度测定仪、YQ-Z-48A 型白度颜色测定仪的使用方法

（一）ZLDW-B 型卧式电子拉力试验机的使用方法

①切取长 150mm，宽 15mm±0.1mm 的纸张试样。每种纸张试样纵向作 5 条，横向作 5 条；

②打开电源开关，预热 15 分钟后，进入设置界面，光标停留在校零上，按确认键进入校零状态：a. 设置夹头间距，检查左夹头上指针所指刻度与所设置的夹头间距是否一致，若不一致，用 ◄ 、 ► 键移动夹头，使指针所指刻度与所设置的夹头间距一致，按 确认 键停止。b. 按照测试的要求，设定好"试样宽度""试样方向"，并按 确认 键返回主界面；

③按 > 或 < 键使光标停在 测量 上；

④安装试样。按 确认 键拉一张试样，拉断后左夹头自动返回到所设置的夹头间距位置，系统将据此自动计算出适合于该试样拉断的速度；

⑤再安装同样试样，按 确认 键进入正式试验。试样拉断，左夹头自动返回到所设置的夹头间距位置，等待下一次试验，显示屏上显示出本次试验的力值、伸长、拉断时间及次数。以此类推，做完一组试验（如测 5 个试样）后，按 打印 键打印，界面选择 数据1 按 确认 键打印试验报告，然后按 > 或 < 键使光标停留在 返回 上，按 确认 键返回到主界面的打印位置，数

据及次数自动清零。

（二）ZZD-135A 型 MIT 耐折度测定仪的使用方法

①切取长 150mm，宽 15mm±0.1mm 的纸张试样。每种纸张试样纵向作 5 条，横向作 5 条；

②打开电源开关，预热 15 分钟；

③按下张力杆，设定弹簧张力为 9.8N，并用制动螺钉锁住。将纸样上端垂直地夹紧在上夹块上，下端夹在折叠头的折叠块之间，然后松开张力杆制动螺钉。通过 $>$ 或 $<$ 选择"设置"，按确认键进入设置子菜单，通过 $>$ 或 $<$ 键选择设置张力选择、纵横选择，再通过 $\wedge$、$\vee$ 键来选择各个设置的选项，按确认键后设置完成。退出设置子菜单，子菜单停留在"测量"菜单上；

④按下确认键进入测量，屏幕上显示第几次测量并实时显示耐折的次数，折断纸样后电机返回到起始位置，显示平均值。夹好试样按确认键进入第二次试验。以此类推，做完一组试验（如测 5 个试样）后，按 $>$ 或 $<$ 键使光标停留在"打印"项目上，按确认键进入打印界面打印试验报告。然后按 $>$ 或 $<$ 键退出打印子菜单。

（三）YQ-Z-48A 型白度颜色测定仪的使用方法

YQ-Z-48A 型白度颜色测定仪。该仪器属于 d/o 几何条件仪器（ISO 2469），即漫射照明崔志探测测量，模拟 D65 照明体照明，采用 CIE 1964 补充色度系统和 CIE 1976（L^* a^* b^*）颜色空间色差公式。测量样品区域：直径不小于 30mm，厚度不超过 10mm。

其颜色测试方法如下：

①准备字迹试样；

②打开电源开关，预热 15 分钟；

③调零。仪器试样托上放黑筒，推进拉板到底，转动仪器右侧的手轮到 R457 位，按调校键 1 次，接着按↙键 1 次。转动手轮到 R_x、R_y、R_z 位，分别同上调零。调零毕，取下黑筒；

④校准。仪器试样托上放 1 号标准板。转动手轮到 R_{457} 位，按调校键 2 次，接着可按数字键，使显示 1 号板 R_{457} 标准值，再按↙键 1 次，显示 n 和标准值。转动手轮到 R_x、R_y、R_z 位，同样按调校键 2 次，分别键入 1 号板 R_x、R_y、R_z 标准值并按↙键完成校准。校准毕，取下 1 号板；

⑤测量。仪器试样托上放测量试样。转动手轮到 R_x、R_y、R_z 位，分别按测量键，显示测量值。按 L^* a^* b^* 键，显示 L^*、a^*、b^* 值。

二、字迹试样的准备与色差值测试步骤

(一) 字迹试样的准备

每种字迹材料准备 1 份字迹试样。字迹试样的制作采用涂布法，即用干净毛笔蘸满字迹材料，在纸张上快速涂布宽度大于 30mm 的平行字迹区，待其在无阳光直射的室内自然干燥后，即可裁切使用。字迹试样如图例四所示，字迹材料涂布区域必须大于斜线区域，a′为定位线，与 a 的距离为 12mm，用于测量点定位（仪器试样托为圆形，采用直角定位）。

(二) 字迹试样色差值测试步骤

①在每一被测字迹试样上选取三个测试点，用颜色测定仪来先测定初始状态的 L_1^*，a_1^*，b_1^* 值；

②对各被测字迹试样进行各项目实验；

③测定实验后字迹试样 L_2^*，a_2^*，b_2^* 值；

④以 $\triangle E = [(\triangle L^*)^2 + (\triangle a^*)^2 + (\triangle b^*)^2]^{1/2} = [(L_1^* - L_2^*)^2 + (a_1^* - a_2^*)^2 + (b_1^* - b_2^*)^2]^{1/2}$ 计算出被测试样实验

前后的三个色差值，并计算出每个试样的算术平均值。

三、字迹材料耐久性判断依据

本项目中的色差采用的是 CIE 1976 L^* a^* b^* 三维色空间，由直角坐标 L^* a^* b^* 构成，两种颜色 $L_1^*a_1^*b_1^*$ 和 $L_2^*a_2^*b_2^*$ 之间的色差即为 $\triangle E$。另外，以吉特（Judd）建立的 NBS（National Bureau of Standard，美国国家标准局）作为计量单位，当 $\triangle E = 1$ 时作为 1NBS 色差单位，它相当于在最优实验条件下，人眼恰可分辨两个颜色差别的 5 倍。在实验中，可通过对字迹材料加速老化前后的颜色的测量，得出色差值（$\triangle E$），结合颜色变化对照表来评估字迹材料的耐久性。

当 $\triangle E < 1.5$ 时，字迹颜色变化不可见，因此评估耐久性好的字迹材料应以此为标准。但是，根据我国档案部门的实际状况和制造部门的实有能力，字迹材料难以完全达到此理论要求，所以，在实验中评估字迹材料耐久性时适当放宽了标准：如果字迹材料在各项耐久性测试中色差均小于 3.0，则该字迹材料耐久性好；如果字迹材料在各项耐久性能测试中色差均小于 6.0，该字迹材料耐久性较好；如果字迹材料在任一项耐久性能测试中色差均大于 6.0，则该字迹材料的耐久性差。

四、纸张的主要性能指标

（一）主要物理性能指标

1. 定量

定量是指单位面积纸张的重量，一般以每平方米纸张有多少克表示，即 g/m^2。纸的定量会影响纸张的机械性能，如抗张强度、耐破度和撕裂度等都与定量有关。

2. 施胶度

施胶度表示纸张抗水能力的大小。施胶度以标准墨水画线时，不扩散也不渗透的线条最大宽度（mm）表示。

3. 吸收性

纸张对液体、气体具有吸收能力。在一定温度下，空气相对湿度大，纸张吸收的水分多。纸张的吸收性能影响字迹与纸张的结合程度。纸张吸收水分多时，易使纯蓝墨水、红墨水等字迹发生扩散现象。纸张还能吸收空气中的有害气体，从而加快纤维素水解或氧化反应，不利于纸张耐久性。

（二）主要光学性能指标

白度是纸张最重要的光学性能。白度是指纸张受到光照后全面反射的能力，以百分数表示。白度下降是纸张老化的主要表现，通过纸张白度的变化可以了解纸张的老化情况。

（三）主要机械性能指标

纸张的机械性能又称机械强度，是指纸张在一定条件下，抵抗外力作用的能力，纸张的机械性能也是衡量纸张耐久性的重要指标。

1. 抗张强度

抗张强度是指纸张所能承受的最大张力。通常以一定宽度的试样的抗张力表示，单位是 kN/m（千牛顿/米）或以裂断长表示，即一定宽度的纸条在本身重力作用下将纸拉断时所需的纸张长度，单位是 km（千米）。

2. 耐破度

耐破度是指纸张在单位面积上所能承受的均匀增大的最大压力，以 Pa（帕）或 kPa（千帕）为单位。

3. 耐折度

耐折度是指在一定张力下，将试样来回作一定角度折叠，直至其断裂时的折叠次数。一般以往复"次"数表示。纸张的耐折度是表示纸张机械强度的重要指标。

4. 撕裂度

纸张的撕裂度有两种，一种为内撕裂度，一种为边撕裂度，通常所说的撕裂度指的是内撕裂度。内撕裂度是指先将纸张切出一定长度的裂口，然后再从裂口开始撕到一定的距离时所需的力，单位是 mN（毫牛顿）。

（四）主要化学性能指标

1. 水分

水分是指纸张在 100℃—150℃ 下烘干至恒重时所减少的重量与原重量之比，以百分率表示。水分是检测纸张的重要指标，一般纸张产品的水分指标规定在 7% ±2% 左右。

2. pH 值（酸碱度）

每一种纸张都有一定的酸碱性，纸张酸碱性是影响纸张耐久性的重要因素。酸会催化纤维素的水解，使纸张强度下降。纸张酸度越大，纸张老化速度越快。

3. 铜价

铜价是指在特定条件下，100g 绝干纤维素（纸浆）使氧化铜（CuO，二价铜）还原为氧化亚铜（Cu_2O，一价铜）的克数。铜价主要用于鉴别纤维素链上还原基的多少，以及链的长短。铜价的大小可以反映出纤维素水解、氧化等变质的程度，是纸张耐久性的一项重要指标。

4. 粘度

粘度主要是表示纤维素分子链的平均长度，当纤维素发生水解、氧化和光解反应后，会引起分子链断裂，造成聚合度下降，即粘度降低。

五、小麦淀粉浆糊调配方法

（一）锅煮法

①在物理天平上称取 10g 小麦淀粉倒入不锈钢盆内，再量取 50ml 水慢慢倒入不锈钢盆内，然后用搅拌棒搅拌均匀；

②将盛有淀粉溶液的不锈钢盆放在电磁炉上，开小火加热。在加热过程中，要不断搅拌使其受热均匀，至浆液变成糊状，颜色呈暗色且表面发亮时停止加热（用搅拌棒蘸液提起浆液，能连续滴落成线状即可），取下后立即用小笋过滤；

③浆糊需冷却后使用，使用时再根据修裱档案纸张的厚薄等情况，向浆糊内加适量水，调整其稀稠，一般修裱浆糊为米汤状。

（二）水冲法

①在物理天平上称取 10g 小麦淀粉倒入不锈钢盆内，再取少量水慢慢倒入不锈钢盆内，然后用搅拌棒搅拌均匀；

②将盛有水的烧水壶放在电磁炉上加热至水烧开，然后迅速将开水倒向盛有淀粉溶液的不锈钢盆，在倒水过程中要用搅拌棒不断搅拌，至浆液变成糊状，颜色呈暗色且表面发亮时停止倒水，再用小笋过滤冲好的淀粉浆糊；

③浆糊需冷却后使用，使用时再根据修裱档案纸张的厚薄等情况，向浆糊内加适量水，调整其稀稠，一般修裱浆糊为米汤状。

六、档案修裱方法

档案修裱是对纸张破损或变脆的档案用粘合剂和纸张进行修补，一般采用的方法是在档案纸张的一面托上一张纸，以起到加固作用，从而提高纸张强度。常用的修裱工具见图例六。档案修裱方法通常可以分为湿托和干托两大类，干托又细分为飞托和腹托，具体操作如下：

（一）湿托

湿托是把浆糊刷在档案上，然后再上托纸，适用于字迹遇水不扩散的档案。具体步骤如下：

①用湿毛巾擦净修复台台面；

②把纸质档案反铺在台面上，用喷水壶将其喷湿，将纸张舒展平整；

③用排刷刷浆糊，先从中间向右刷，然后从中间向左刷，要刷平，刷均匀，不要漏刷，如果纸张起皱，应揭起重刷；

④补缺，将补纸放在破损处，左手用食指按住，右手撕下多余的纸，然后在补纸上刷浆糊；

⑤上托纸，右手持棕刷，左手持托纸，从右向左推进，刷时托纸不能出褶，也不能偏斜，否则揭起重上；

⑥排实，在托纸上放一张高丽纸，用棕刷反复进行排实；

⑦上墙晾干，用毛笔在托纸四边抹上浆糊（注意在右侧上半部留出起子口），然后用镊子撩起纸质档案的右下角，并用右手持棕刷夹住纸质档案，左手撩起并提住纸质档案左角，随后把纸质档案的右上角首先固定在绷子上，再用棕刷贴住纸质档案的左上角，接着把四边贴牢；

⑧下墙，待纸质档案自然干燥后，用起子伸进右下方（起子口），先向下移动，然后向左移动，首先揭开右下方，最后向上移动，把右半部全部揭开，然后右手拿住托纸的右上部，左手拿托纸的右下部，将纸质档案揭起，与绷子呈45度，然后用力向外拉，把纸质档案全部揭下；

⑨裁切。

（二）飞托

飞托是把浆糊刷在托纸上，然后把档案上到托纸上，适用于字迹遇水扩散的档案。具体步骤如下：

①擦干净修复台台面；

②把托纸正面向下铺在台面上，用排刷刷上一层浆糊；

③用镊子拣去排刷上掉下的毛和其他脏物；

④揭起托纸，放在吸水纸上脱水至半干；

⑤把半干的托纸放在台面上，再把事先展平的纸质档案慢慢上到托纸上；

⑥在纸质档案上铺几张吸水纸，用棕刷迅速排实；

⑦用毛笔在托纸四边刷上浆糊（右上方留一小块不刷，或贴小纸条），随后将其迅速上绷子，并用棕刷排实；

⑧下绷子后裁切。

（三）腹托

腹托是把刷有浆糊的托纸上到档案上，适用于破损严重的档案。具体步骤如下：

①擦干净修复台台面；

②把托纸在台面上展平后，用排刷刷上一层浆糊；

③用镊子拣去从排刷上掉下的毛；

④揭起托纸，放在吸水纸上至半干；

⑤把纸质档案字面向下放在台面上展平，拼好裂缝，把碎片放在原位；

⑥拿起半干的托纸（可以两人合作），将其腹扣在纸质档案上（有浆糊的纸面向下），边放边用棕刷刷平；

⑦将托纸与纸质档案一起揭起，反放在吸水纸上，再在纸质档案上放几张吸水纸，用棕刷进行排实；

⑧在托纸四边刷上浆糊（右上方一小部分不刷，或贴小纸条），然后将托纸上绷子晾干；

⑨下绷子后裁切。

✧ 图例（流程）

一、ZLDW-B 型卧式电子拉力试验机

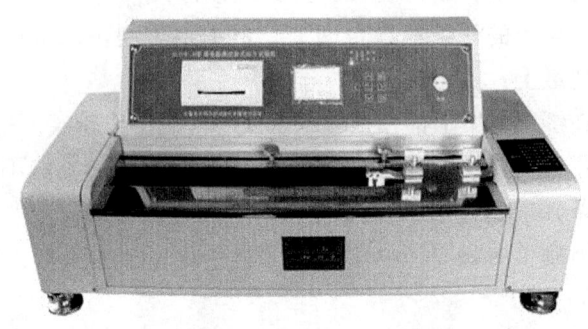

二、ZZD-135A 型 MIT 耐折度测定仪

三、YQ-Z-48A 型白度颜色测定仪

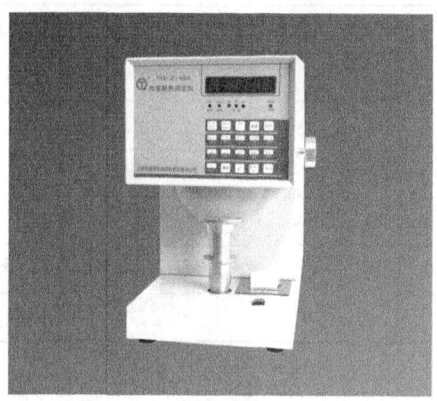

四、字迹试样

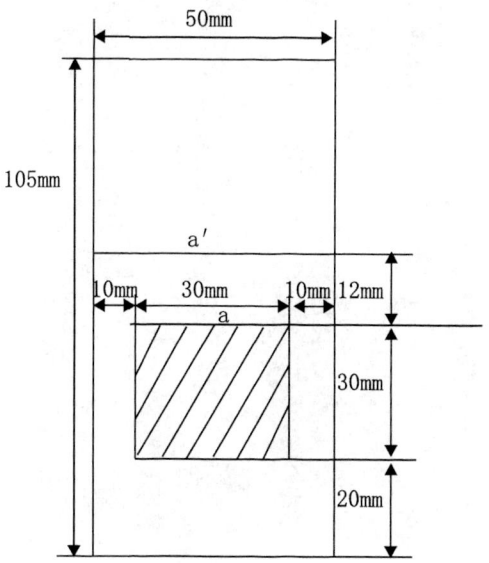

五、色差值与颜色变化对照表

色差值（NBS 单位）	颜色变化情况
0~0.5	痕变
0.5~1.5	微变
1.5~3.0	可见变化
3.0~6.0	明显变化
6.0~12.0	变化大
12.0 以上	变化很大

六、一般修裱工具示意图

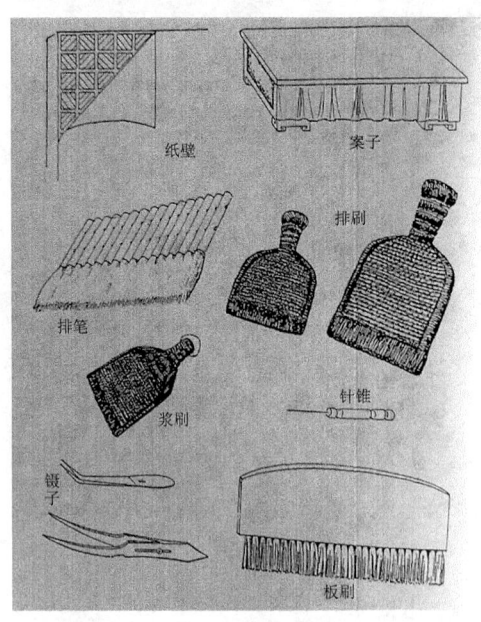

第十三章 档案数字化

◇ **案例链接**

一、大连理工大学档案数字化工程

大连理工大学是中国共产党在新中国成立前夕，面向中国工业体系建设亲手创办的第一所新型正规大学。大连理工大学是教育部直属全国重点大学，也是国家"211 工程"和"985 工程"重点建设高校。学校以培养精英人才、促进科技进步、传承优秀文化、引领社会风尚为宗旨，秉承"海纳百川、自强不息、厚德笃学、知行合一"的精神，致力于创造、发现、传授、保存和应用知识，勇于担当社会责任，服务国家，造福人类。

大连理工大学档案馆 1992 年 7 月成立，2012 年 12 月，史志编研室调整为隶属于档案馆。档案馆对全校档案实行集中统一管理，行使对档案的收集、整理、保管、利用和对全校各单位档案进行业务指导和监督检查的两种职能，是国家一级档案管理标准单位。档案馆自成立以来，经过几代档案工作者的辛勤劳动和不断开拓创新，先后建立了党群、行政、教学、科研、基建、仪器设备、财会、外事、出版物、人事、学生、名人、教师业务、实物、声像 15 种档案。根据档案的性质和利用率的需要，还设有财会、基建、仪器设备、出版物、设计院 5 个档案分室。

大连理工大学档案馆对于存量档案数字化加工范围包括文书档案、教学档案、科研档案等档案门类，共计 260 万页（折算为 A4 幅面），范围包括文书档案、教学档案和科研档案等档案门类。大连理工大学数字化团队严格遵守《纸质档案数字化技术规范》（DA/T31-2005）的要求，采取有效的管理措施和手段，加强档案数字化的过程管理与安全管理，完善了各门类档案的目录信息，并将数字化后的电子文件准确挂接在对应的档案目录下面，成功实现了传统载体档案的计算机系统管理，大幅提高了高校的档案管理利用水平。

二、北京交通大学档案数字化工程

北京交通大学是教育部直属，教育部、中国铁路总公司、北京市人民政府共建的全国重点大学，是国家"211 工程""985 工程优势学科创新平台"项目建设高校和具有研究生院的全国首批博士、硕士学位授予高校。北京交通大学前身是清政府创办的北京铁路管理传习所，是中国近代铁路管理、电信教育的发祥地；1917 年改组为北京铁路管理学校和北京邮电学校；1921 年与上海工业专门学校、唐山工业专门学校合并组建交通大学；1923 年交通大学改组后，北京分校更名为北京交通大学；1950 年学校定名北方交通大学；1952 年，北方交通大学撤销，京唐两院独立，学校改称北京铁道学院；1970 年恢复"北方交通大学"校名；2000 年与北京电力高等专科学校合并，由铁道部划转教育部直属管理；2003 年恢复使用"北京交通大学"校名。

北京交通大学档案馆档案工作始于建校初期，与学校发展同步。1999 年 3 月，学校将原校办综合办公室、人事处人事档案室和学校史志办公室合并建立档案馆。1999 年 12 月经专家评审，北京交通大学档案馆被认定为档案工作目标管理国家二级单位。2003 年 9 月 10 日，档案馆被列为学校直属单位。档案馆内设办公室（校史博物馆）、综合档案室、人事档案室和史志研究室 4 个部门。截至 2017 年 12 月 31 日，馆藏总数超过 150 000 卷，保存人事、党政、教学、科研、基建、设备、财会、照片、出版物 9 个门类。

北京交通大学档案馆存量档案数字化范围包括文书档案、教学档案（主要为考试试卷）和科研档案等档案门类，加工共计 120 万页（折算为 A4 幅面）。数字化加工步骤包括扫描、图纸处理、条目录入、原文挂接、数据校验、光盘备份等工序。在数字化加工过程中，北京交通大学数字化团队对档案数字化实施的各个环节进行了详细的登记、整理、汇总，并装订成册，以加强档案数字化的过程管理和安全管理，档案数字化完成并成功挂接电子文件原文后，对北京交通大学档案管理能力以及档案利用水平的提升有了很大的促进作用。

◇ 知识要点

档案数字化是随着计算机技术、扫描技术、扫描矩阵 CCD 技术、OCR 技术、数字摄影技术（录音、录像）、数据库技术、多媒体技术、存储技术的发展而产生的一种新型档案信息形态，它将各种载体形式的档案资源通过档案数字化加工转化为数字载体形式的档案信息，并利用计算机系统进行存储、管理和利用，实现了档案资源共享，有效地提升了档案价值。

"数字校园""智慧校园"的推进和实施，为高校的档案数字化提供了基础条件，档案数字化也成为新时代高校档案管理工作的发展趋势。实体档案数字化以及电子档案管理使得高校档案馆（室）从实体档案管理部门转变为高校的信息整合部门，有助于提高高校的档案管理水平并增强档案管理部门的服务能力。

一、档案数字化法律及规范

档案数字化工作必须严格遵循以下国家标准与行业规范：

①《中华人民共和国档案法》（1988 年 1 月 1 日施行，2016 年 11 月 7 日修正）；

②《中华人民共和国档案法实施办法》（1999 年 6 月 7 日国家档案局发布，2017 年 3 月 1 日修订）；

③国家档案局办公室关于印发《档案数字化外包安全管理规范》的通知（档办发〔2014〕7 号）；

④《纸质档案数字化技术规范》（DA/T31-2005）；

⑤《电子文件归档与管理规范》（GB/T18894-2002）；

⑥《档案著录规则》（DA/T18-1999）；

⑦《文书类电子文件元数据方案》（DA/T46-2009）；

⑧《版式电子文件长期保存格式需求》（DA/T47-2009）；

⑨《基于 XML 的电子文件封装规范》（DA/T48-2009）；

⑩《档案修裱技术规范》（DA/T25-2000）；

⑪《中国档案机读目录格式》（GB/T20163-2006）；

⑫《信息技术连续色调静态图像的数字压缩及编码第 1 部分：要求和指南》（GB/T17235.1-1998）；

⑬《信息技术连续色调静态图像的数字压缩及编码第 2 部分：一致性测试》（GB/T17235.2-1998）；

⑭《CAD 电子文件光盘存储、归档与档案管理要求 第一部分：电子文件归档与档案管理》（GB/T17678.1-1999）；

⑮《档案交接文据格式》（GB/T13968-1992）；

⑯《文献管理 长期保存的电子文档文件格式》（GB/T23286.1-2009）。

二、档案数字化加工标准

档案数字化加工标准除《电子文件归档与管理规范》（GB/T18894-2002）外，还有《纸质档案数字化技术规范》（DA/T31-2005）。这一技术规范指出，扫描应该根据档案幅面的大小选择相应规格的扫描仪或专业扫描仪进行扫描。大幅面档案可采用大幅面数码平台，或者缩微拍摄后的胶片数字化转换设备等进行扫描，也可以采用小幅面扫描后的图像拼接方式处理。另外，纸张状况较差，以及过薄、过软或超厚的档案，应采用平板扫捕方式；纸张状况好的档案可采用高速扫捕方式以提高工作效率。

扫描色彩模式一般有黑白二值、灰度、彩色等，通常采用的是黑白二值。具体又细分为三种：页面为黑白两色，并且字迹清晰、不带插图的档案，可采用黑白二值模式进行扫描。页面为黑白两色，但字迹清晰度差或带有插图的档案，以及页面为多色文字的档案，可采用灰度模式扫描。页面中有红头、印章或插有黑白照片、彩色照片、彩色捕图的档案，可视需要采用彩色模式进行扫描。

色彩模式的选择是依据现有的设备以及档案本身状况而定的，可以遵守循序渐进的原则。比如某高校档案馆在进行纸质档案数字化时，一期以黑白扫描为主，二期对红头文件及其他带有红章的文件进行彩色扫描，三期则全部进行彩色扫描。无疑，彩色扫描的层次更加丰富，清晰度更高。可以更真实地显示档案原貌。

三、电子文件格式与储存

如何在数字化过程中将馆藏档案统一转变为具有国际或国家标准的电子格式，是档案数字化首先应该考虑的问题。《电子文件归档与管理规范》（GB/T18894-2002）中推荐的通用文件格式为：文字型数据采用 XML 文档和 RTF、TXT 格式；扫描图像数据采用 JPEG、TIFF 格式。《纸质档案数字化技术规范》（DA/T31-2005）中规定：采用黑白二值模式扫描的图像文件，一般采用 TIFF（G4）格式存储；采用灰度模式和彩色模式扫描的文件，一般采用 JPEG 格式存储；提供网络查询的扫描图像，也可存储为 CEB、PDF 或其他格式。从前者到后者，可看出存储格式是不断发展且多元的。

以下对常见的几种存储格式进行比较，其优缺点都比较显著。

存储文档或格式	发布与开发支持商	优点	缺点	备注
XML	W3C 组织于 1998 年 2 月发布	可扩展，可以在不同系统之间进行信息传输，发现数字化档案的迁移，并能进行全文检索	更适合于网络管理，不太适合早期的档案管理系统	已列入标准
RTF	Microsoft 创建	容易识别，编排功能强，可以进行不同格式间的转换	格式繁多，容易产生混乱	已列入标准
TXT	Microsoft 创建	文件体积小。使用方便，能被几乎所有的文字处理软件所识别	不能捕入图片，容量较小，不易与外界进行交换	已列入标准

续表

存储文档或格式	发布与开发支持商	优点	缺点	备注
DOC	Microsoft Word 创建	可在文件中嵌入图表、图片、数学公式、建立超链接等。表现力强，操作简便，是目前所使用最多的文本格式之一	文件版本不能向下兼容，尚未成为国际标准	封闭式文档，未列入标准
PDF	由 Adobe 公司开发	可以很好地保持档案的原貌，是一种独立文档，网络传输速度快，可以边下载边阅读，已经成为全世界电子文档分发的公开的实际标准	文件有时比较大	运用广泛，已建议列入标准
CAJ	由清华大学开发	支持多种格式文件，完整保留文件信息，打印效果与原版的效果一致。有打印全文功能和机上摘录功能，可以放大和缩小页面，并有在当前页面内的查找字符功能	尚未成为流行格式	未列入标准
CEB	北大方正电子公司开发	适合于电子公文的处理，对文件内容实现保真、保全	在电子公文以外的地方使用较少	已建议列入标准

决定文件格式优势的主要因素是其开放性，开放就意味着共享。从这个意义上说，XML 文档格式是最具优势的。XML 格式具有自定义电子文件类型及封装元数据等功能，具有很强的开发性，因而是一种具有生命力的存储格式。另外，随着网上期刊的增多，PDF 和 CAJ 等格式逐渐显现出优势，在以后的数

字化档案存储格式中也会占有重要的一席之地。某些格式如TXT、CEB 等随着技术的发展，会变得不那么重要。TXT 格式虽是国家规范中的推荐格式，但在当前的工作中已经较少使用；CEB 格式目前也只是在政府机关电子政务公文处理中使用比较广泛。而《基于 XML 的电子公文格式规范》的出台将会进一步扩大 XML 格式的应用和影响。

数字化扫描后的图像文件采用何种格式存储，是需要随技术发展和运用不断调整的。目前看来，许多格式都可以作为图像存储之用，当然，究竟采用哪些格式，还要根据情况作选择。

以下对不同的图像格式做了对比：

存储格式或技术	发布与开发支持商	优点	缺点	备注
TIFF	由 Aldus 和 Microsoft 公司开发	非失真的压缩格式，图像质量好	占用空间比较大	已列入标准
JPEG	由联合照片专家组开发	用最少的磁盘空间得到较好的图像质量，允许用不同的压缩比例对文件进行压缩，支持多种压缩级别，适合网络传输	有损压缩，容易造成图像数据的损伤	已列入标准
JPEG 2000	是 JPEG 的升级版	压缩率更高，同时支持有损压缩和无损压缩。可以对指定部分进行压缩。向下兼容	尚未在档案数字化领域得到应用	未列入标准，但运用前途广泛

存储格式或技术	发布与开发支持商	优点	缺点	备注
PSD	是 Adobe 公司图像处理软件 Photoshop 的专用格式	存取速度最快，功能很强大，方便修改设计	很少为其他软件和工具所支持，占用磁盘空间比较大	已列入标准
GIF	由美国在线信息服务机构 Compu Serve 于 20 世纪 80 年代开发	压缩比高，磁盘空间占用少，可以进行动态图片的传输。可以较好地保存网页数据传输的图像文件	不能用于存储真彩色的图像文件	已列入标准
PNG	南 Unysis 公司拥有算法专利	色彩丰富，无损压缩，图像品质高，显示速度快。支持透明图像的制作	文件所占空间较大	已列入标准
DjVu	由美国电报电话公司实验室（AT&T Labs）于 1996 年开发	压缩率高。能产生最好的图像品质及最小的档案，使网上图片的传输更为快捷	尚未在档案数字化领域得到应用	应用前景好

四、电子文件分辨率

扫描分辨率的选择原则上以扫描后的图像清晰、完整、不影响图像的利用效果为准。国家规范中规定采用黑白二值、灰度、彩色几种模式对档案进行扫描时，其分辨率一般均选择大于等于 100DPI。如遇到文字偏小、密集、清晰度较差等特殊状况，则可以适当提高分辨率。而需要进行 OCR 汉字识别的档案，扫描分辨率一般建议选择大于等于 200DPI。

分辨率的选择与设备关系很大，在不同地区、不同部门也有所差别。如某高校档案馆在纸质档案数字化一期工程中，就将扫描分辨率定为 300DPI，而另外一所高校档案馆的数字化扫描分辨率定为 200DPI—300DPI 左右，还有的则高达 600DPI，而在一些设备相对比较落后的部门与地区，其扫描分辨率大都是按照国家规范来设定的，甚至很多还达不到 200DPI。分辨率越高，扫描后的图像就越清晰，但同时图像文件的大小也越大。

五、电子文件 OCR 智能识别

OCR（Optical Character Recognition，光学字符识别）相对于传统的手工录入方式具有很大优势。OCR 识别的速度远快于手工录入，可以节省大量人力资源，使人员可以分配到更加有意义的工作上，同时，OCR 技术的识别率虽然很难达到 100%，但其质量仍然高于大批量手工录入。

档案数字化后要考虑 OCR 的运用。一般来说，文字识别主要用于全文检索，而非真正将扫描后的图像文件还原为文档，从这一点来说，不要以 OCR 的识别率来设置扫描分辨率。《纸质档案数字化技术规范》（DA/T31-2005）建议需要 OCR 识别的图像文件分辨率应大于等于 200DPI，这是一个比较中性的标准。

目前市面上存在很多类型的 OCR 识别软件，需要根据自身的需求进行选择，选择的标准有不同图像格式的识别率、识别处理效率、软件的易用性等。

六、电子文件图像处理

图像处理的目的主要是让使用者能更清晰明了地看到需查看的内容，且不容易出错、减少因为图像问题导致的阅读误导。

图像处理主要关注以下几点：

①核对总扫描文件份数是否正确；

②核对每份扫描文件的总页数是否正确；

③调整图像显示方向，保证图像显示为正常阅读方向；

④调整图像顺序使之按照正确的图像排序方式排列；

⑤去除图像黑边，或截取有效信息；

⑥扫描件去污；

⑦扫描件图像拼接、裁边处理；拼接处信息完整不缺失；

⑧在补扫记录单上记录因为图像清晰度、色度漏扫等而导致的需要补扫的问题页。

七、电子文件命名

传统电子文件在管理中存在乱命名的问题，为了归纳及检索方便，需按照特定的规则为电子文件命名，在 OCR 识别过后，可从文件名、文件内容等方面直接检索相关关键字，文件名命名越详细，关键字查找效率越高。

一般推荐的文件的命名格式为"档号+文件名称"，这样无论搜索全宗、年份，还是件号、文号、文件名等，均能实现快速定位。

八、电子文件备份

（一）备份范围

经验收合格的完整数据应及时进行备份。并采用在线和离线相结合的方式对数据进行备份。

（二）在线备份

数字化加工后的档案数据，需完全符合档案管理系统的要求，并将档案数据完整准确地装载到档案管理系统中，做到无缝衔接。

（三）离线备份

每完成一个批量的数据验收后，将 TIFF 格式、JPEG 格式及 PDF 格式数字化加工产品以光盘备份方式保存到相关管理部门。

（四）备份登记

数据备份后应在相应的备份介质上按标准规范做好标签，以便查找和管理。加工人员要认真填写数字化备份管理登记表单，对于所有磁带和硬盘进行管理与记录。

每批加工数据移交档案馆验收后三日内，加工企业服务器上的已经移交验收合格的电子数据必须在相关管理部门工作人员的现场监督下销毁，同时移交该批数字化加工在监管系统上的监控记录。

（五）备份数据检验

备份数据的检验内容主要包括备份数据能否打开、数据信息是否完整、文件数量是否准确等。检测结果必须与相关管理部门数字化加工技术标准相符合。

◇ 应用方向

纸质档案的储存信息量大、内容多、查找不便、利用效率低。由于年限问题，纸质档案保存时间短、易受损，受损后不易恢复。与之相比，数字化档案具有更多的优点，如：储存空间大；数字化档案可以进行数据备份，在档案丢失后易于恢复，不会造成损失；数字化档案在查找、借阅时十分方便，可以利用档案管理系统轻松完成，大大降低了档案管理人员的工作量，大幅提高了工作效率；等等。

因此，档案数字化有利于挖掘现有的档案资源，并共享档案信息，让档案价值得以充分地发挥，更好地为我国的生产生活工作服务，为我国档案信息资源建设提供基本保障。

从档案数字化的应用对象看，档案数字化的具体对象主要包括两个方面：

（1）纸质档案，我国原有的档案管理模式主要是以纸质载体形式体现的，存放于专门的档案管理部门，档案数字化要求将原有的纸质档案进行数字化处理，并上传到档案管理系统中。

（2）目前我国许多高校、企事业单位都建立了相应的网络化档案管理系统，档案数字化要求档案数据的真实性、完整性、可用性和归档的及时性。

从档案数字化的应用程度看，档案数字化建设的主要内容包括以下两个方面：

（1）建立档案目录索引数据库，方便档案管理工作人员查找档案。

（2）建立档案管理部门管理的电子档案原文数据库，包括目录索引，使档案数据库的内容更加全面、完整，便于检索和利用。

从档案数字化的应用过程看，档案数字化建设应该包括档案的收集、整理、上传、存储、查阅等方面，这些方面的工作需要经过网络计算机技术的辅助才能够顺利、准确地完成，在存储工具上，可以选择磁盘、硬盘、光盘等便于保存的存储工具。

◇ 实践指导

一、档案数字化加工方式

目前，高校档案数字化加工主要有自主加工和委外加工两种方式。自主加工通常在档案管理人员充足、基础设施设备配置较好的情况下进行。委外加工通常选择国内知名档案信息化企业进行档案数字化。委外加工可以省去大量基础设备的购置及人员配置，加工效率和质量都能得到保证。

二、档案数字化加工要求

（1）在档案数字化过程中，采取管理措施和技术手段确保不对档案原件造成二次损伤。

（2）严格遵守并达到《纸质档案数字化技术规范》（DA/T31-2005）的相关要求。

（3）保证档案数字化图像与原件一致、整洁、清晰。

（4）对数字化加工过程中的错误（如错码、漏码）进行修正。

（5）做好档案资料原件、复印件的鉴别工作。

（6）档案数字化完成后，需要与馆（室）藏现有的计算机目录数据进行一一对应，补录未著录的条目，修改著录错误的条目。确保数字化图像与案卷目录、卷内目录挂接达到100%正确率，并将正确的数据导入现有的档案数据库中。

（7）档案数字化完成后，要按国家一级档案馆的规范和要求进行整理，并细致认真地装订好。档案装订应尽可能按照原来的装订孔进行穿线装订，尽量不要新打孔装订，力求保护原件。

（8）档案数字化人员必须严格遵守档案管理的相关规定及档案部门的相关制度，认真做好数字化档案的保密和保护工作。

（9）档案数字化人员要有很高的纪律性和自觉性，中途不得随意更换工作人员。

（10）采用最为可靠的数字化设备和处理方式完成档案数字化，避免纸张褶皱、撕裂、破损等情况的发生。如遇到档案纸张质地脆弱、不适合反复拆装订的档案，应采用不拆卷的方式进行数字化。

三、档案数字化关键技术指标

（1）扫描分辨率：大于 200DPI；对于案卷中出现字迹较小、较密集等情况，分辨率提高到 300DPI。

（2）原始图像格式：采用 LZW 压缩方式的 TIFF 文件。

（3）长期保存格式：采用 PDF-A 标准的 PDF 文件。

（4）图像颜色：黑白二值或灰度、彩色（有红头、公章的文件制成彩色）。应根据纸张质地、底色、薄厚程度等因素，设置最佳的图像明暗度、对比度，保证数字化处理后的图像效果与原件吻合。

（5）图像处理：原始图像需要进行优化处理，使得成品图像清晰、端正无歪斜（小于 1 度）、无黑点、无黑边。对于档案中的"筒子页"，应当平摊开后进行整幅数字化。折子页、照片、底片等超长页进行分页数字化后，要拼接成一页。

（6）OCR 识别率：不低于 95%。

四、档案数字化准备工作

①需求调研。成立调研小组，制定调研需求计划，拟定数字化加工调研需求表初稿并进行审核；

②与客户召开调研小组会议；

③在客户现场详细了解需要加工档案的情况；

④客户可根据项目调研需求表完成调研需求内容；

⑤根据客户提供的数字化加工需求制定出档案数字化加工标准；

⑥将档案数字化加工标准送客户审核，以与标准意见修改一致为原则；

⑦向客户提交数字化加工现场人员的身份证复印件；

⑧向客户提交数字化加工现场管理有关制度，并进行审核；

⑨在项目启动前几天，由档案数字化负责人去客户指定的办公现场进行布置和设备安装。

五、档案数字化工作流程

档案数字化加工流程包括前期检查、整理、排序、登记、修复、数字化处理、制作、质检、目录核对、完善、档案装订、数据挂接、备份等。

档案数字化加工流程明细详见本章图例（流程）。

六、档案的整理与装订

数字化前应先对案卷进行预处理，启钉、拆分、抚平边角，保证纸张的平整。对于褶皱严重的原件，要设法展平（可用调温熨斗低温熨平）；中折线不正或折字的原件，要重新折好；四角边缘有卷曲的原件应展平。

档案数字化完成后，要进行细致认真的整理、装订、按序上架。档案的页码不得出现错页、漏页、页次颠倒等现象，装订要符合国家相关装订标准。

七、完善目录数据库

由于原始档案的条目信息可能存在各种问题，例如有繁体草书、内容不全、错误、遗漏等不规范情况，因此要按要求对已有的卷内目录进行核对、修正，确保条目信息准确，档号与题名等关键字段完整。

有关干部任免、录用、调资、表彰先进等文件，需将涉及的人名等全部补充完整。

八、数字化副本的挂接与存储

核对数字化加工完成并转化为 PDF 格式的电子档案数据，无误后将电子档案挂接到档案管理系统。

通过每份图像文件文件名与档案目录数据库中该份文件的档号，建立文件与相应目录的一一对应关系，实现目录与电子档案数据的批量挂接，目录与文件的对应正确率要达到100%。

TIFF 格式文件与转换后的 PDF 格式文件分别采用档案级光盘进行刻盘存储。为利用方便，应另提供一套移动硬盘进行存储。

◇ 操作方法

一、档案出入库

（一）领卷

档案数字化加工负责人从实体档案库房中提取需要进行数字化加工的档案原件（按批次提取），根据需要清点到盒（卷），记录每盒（卷）档案的件数及页数，认真核对档案数量和质量等，并填写《档案交接记录表》。

（二）交接

合理配置档案摆放位置，将档案完整、安全地摆放到指定的数字化加工地点。

二、档案整理

按照国家标准、档案行业标准，结合不同门类档案的管理要求，区分不同类别、年度的档案资料，并按照各专业档案的管理要求进行分类、排序、装订（组卷）、编写件号、页号、贴盒脊、条码等，不同门类档案不可混装。

在不破坏档案原件的情况下，去除易腐蚀的金属物，并尽可能确保档案资料完好；对已破损的档案资料进行修补；对图纸等非 A4 规格档案资料按相关要求进行折叠；对褶皱不平影响扫描质量的原件先进行相应处理（压平或熨平）等。

三、档案著录

档案著录信息的采集应按照《档案著录规则》（DA/T18-1999）执行，以满足档案信息系统的管理要求。著录信息项包含但不限于以下内容：档号、件号、文件题名、责任者、文号、形成日期、页数、编制单位、保管期限、密级等。

采用"两检一校"技术提高数据准确度，关键字段正确率必须达到100%。对案卷中目录有不准确或错漏的，要根据文件内容和著录标准重新修改补录。对部分已有的卷内目录应进行校对及完善录入，确保各项著录信息准确、完整。

应根据档案管理要求建立目录数据库，形成卷内目录、案卷目录、备考表及其他数据报表。

四、档案扫描

扫描图像必须与原图页面一一对应，不得出现颠倒、缺页、重页或错页等情况。档案数字化扫描具体要求如下：

（1）根据档案幅面的大小和纸张状况，选择相应类型的扫描仪。其中，大幅面档案可使用大幅面数码平台，也可以采用小幅面扫描后拼接图像的方式处理；同页有两个以上文件的，需分别扫描。

（2）为保护档案原件，数字化加工单位一律使用平板扫描仪进行扫描；对于少数现代档案确实适用高速滚筒扫描的，必须事先征得档案馆（室）负责人的同意，并做好记录；对资料等不宜拆卷的成册材料，必须使用拍摄扫描仪扫描。

（3）扫描时应在《工作流程单》上认真登记扫描的文件级档号和扫描页数。

（4）扫描分辨率：扫描分辨率标准为 200DPI—300DPI。

（5）扫描图像采用 JPEG 格式压缩存储，每件档案存储为一个电子文件。

（6）文件格式：TIFF 及双层 PDF 各一份。

（7）文件命名：扫描形成的电子文件需用档号进行命名，并与原档案一一对应。

（8）扫描清晰度：扫描图像字迹清晰、颜色恰当，不宜过浅和过深。

（9）扫描完成后，应核对总扫描文件份数是否正确；核对每份扫描文件的总页数是否正确。

五、图像处理

图像处理具体包括以下工作内容：

①调整图像的显示方向，保证图像显示为正常阅读方向；

②扫描页面的内容居中显示，不能出现明显偏左或偏右的现象；

③调整图像顺序使之按照正确的图像排序方式排列；

④所有扫描留下的黑线、指印、阴影或污点必须清除干净（在放大 100% 的情况下）；

⑤图像不得倾斜；

⑥去除图像黑边，或截取有效信息；

⑦扫描图像去污；

⑧扫描图像拼接、裁边处理；拼接处信息完整不缺失；

⑨在补扫记录单上记录因为图像清晰度、色度、漏扫等而导致的需要补扫的问题页。

六、元数据

必须记录档案数字化加工所生成文件的元数据信息。元数据应参考《党政机关电子公文元数据规范》（GB/T33480-2016）、《文书类电子文件元数据方案》（DA/T46-2009）、《照片类电子档案元数据方案》（DA/T54-2014）等相关的标准规范。

元数据信息分为每幅图像的元数据和合成后电子文档的元数据，以 XML 文件格式进行存储。

七、数字签名

应对档案数字化加工生成的电子文件进行数字签名，并提供制作和验证数字签名的工具和算法，以达到验证电子档案文件完整性与原始性的目的。

八、档案质检

对档案整理、条目著录、档案扫描、图像处理和数据挂接情况进行常规性质检，以提高档案信息资源库的完整性和准确性。

当发现目录数据库与图像文件挂接错误，或目录数据库、图像文件存在不完整、不清晰、有错误等质量问题时，将抽检结果标记为"不合格"，并返回相关数字化加工环节重新处理，直至满足质检要求。

九、数据挂接

档案数字化加工过程中形成的著录项信息与图像数据应及时挂接到档案管理系统中；挂接过程应使用专用的挂接工具，以实现目录数据库与图像数据库的自动关联，实现批量、快速挂接；对挂接后的数据要进行查验，认真核查每一份图像文件的名称与档案目录数据库中该份文件的档号是否相同、图像文件的页数与档案目录标注是否一致等，确保图像文件与目录数据对接准确无误；目录数据著录内容与原件有偏差时，应以原件内容为准；著录信息与图像文件通过匹配挂接后应及时汇总至磁盘阵列中保存。

十、OCR 识别

档案数字化加工过程中形成的有效图像数据可以进行 OCR 识别，生成用于全文检索的可编辑的电子文本，以 TXT 或 XML 格式存储，识别后形成对应的双层 PDF 文件。

十一、总检

总检是对以上流程中涉及的所有步骤和结果进行总体质量检查，全面提高档案信息资源库的完整性、准确性。

十二、复原入库

档案扫描完成后，拆除过装订物的档案应按要求重新整理，并装订装盒。具体要求为：

①对检查无误的案卷整理整齐，按照原有顺序排放；

②严禁将纸张放反、放倒、页码顺序放错；

③大纸张按原折痕折叠好；

④卷皮破损严重的，需要调换卷皮；

⑤需完善或补充卷内目录的，应及时完善和补充卷内目录；

⑥案卷不掉页、右边和底边整齐；

⑦重新装订档案时要注意保护档案实体不受损害，同时还必须注意案卷内文件的数量及排列保持原貌，做到安全且无遗漏；

⑧需按档案归档要求排序上架，并做好档案退还交接登记。

十三、数据备份

由数字化加工项目经理对数字化加工后的最终数据进行整合，并将整合后的 TIFF 图像文件、转换后的 PDF 文件、电子条目数据分别刻录成光盘，进行数据备份。具体要求为：

①刻录光盘时，应按文件存储要求分别进行刻录；

②不能将一卷内容分开刻在两张光盘内；

③光盘刻录完成后，应与硬盘影像系统中的档案进行比对，确保档案资料无遗漏及正确性；

④将备份的光盘进行备份情况登记；

⑤数据备份完成后，应清点案卷数量，核对无误后，保存填写完成的数据备份记录单。

◇ 图例（流程）

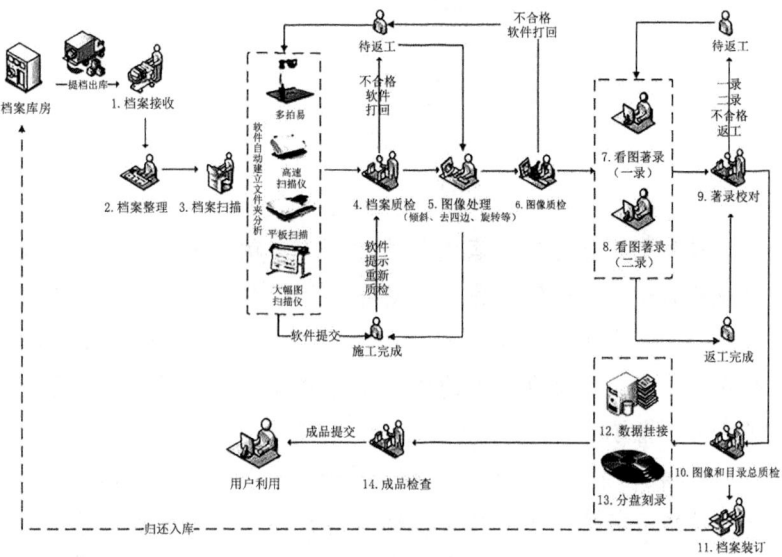

后　记

　　档案是社会发展中客观形成的、确凿的原始材料。在长期的档案工作中，档案工作者们总结实际工作中的经验，以理论为依据，以应用为导向，将档案工作中的理论与实践相结合，特编写本书，以期为更多的档案工作者提供应用性和实践性较强的操作指导手册。

　　《高校档案工作实践操作指导手册》以档案学基础理论为指导，以档案实践应用为导向，既对高校涉及的档案类型进行了全面地梳理，又对档案的收、管、存、用等各个实践环节进行了详细的讲解，并附有流程图、示例图，图文并茂，操作性强。

　　北京联合大学党委书记韩宪洲教授担任主编，副主编由北京联合大学档案（校史）馆馆长姜素兰教授、应用文理学院档案系主任谢永宪副教授、档案（校史）馆馆员徐娟共同担任。写作人员分工如下：第一章由姜素兰、徐娟编写，第二章由龚文婷、沈蕾编写，第三章由王艳莉编写，第四章由夏木美、陈锦编写，第五章由徐云编写，第六章由张健民、鲍晖编写，第七章由孙琳编写，第八章由文松、苑焕乔、王巧玲编写，第九章由祁春利、张晓编写，第十章由姜南、杨影、范蓓编写，第十一章由焦阳、刘欣欣编写，第十二章由吴晓红编写，第十三章由仇卫健、蒋顺编写。

　　为了更好地编写本书籍，我们吸纳了相关领域专家学者的研究成果，我们将所引用和参考的内容，尽可能在书中以参考文献的形式标出，对于一些基础性和公共性的知识，无法一一列出来源，再次对本书的知识贡献者们一并表示感谢！由于编者学术水平有限，不妥之处敬请广大读者批评指正。

编　者

2018 年 10 月